中公文庫

いいもの見つけた

高峰秀子

中央公論新社

目次

まえがき 9
櫛 10
ハンドバッグ 15
帯〆め 18
蛇の目傘 22
スーツ 25
ロングドレス 30
毛皮 34
靴とハンドバッグ 38
スカーフ 41
宝石 45
香水 48
まいまいつぶろ 53
呼び鈴 56
ガラスの風鈴 59
小さな辞典 64
時計 67
くず入れ 72
本入れ 74
針箱 77
仏壇 80
貯金箱 83

灰皿 87
骨壺 90
円筒形の容器 93
花器 97
枕と孫の手 103
手のノッカー 108
中国の椅子 112
白いカーペット 113
粉ふるい 117
ミニフライパン 120
鼻毛切りはさみ 121
ケーキサーバー 124
泡立て器 125
フライがえし 128
こし網つきじょうご 130
スパゲティはさみ 131
おろし器 134
菜箸 138
水時計 139
小さな片口 142
携帯用歯ブラシ 143
ハンドバッグの中仕切り 146
物干しバサミ 147
鋸みたいなナイフ 150

骨抜き 151
スライドメモ 154
ミルクスツール 155
ビニールの手袋 158
ねじり紐 159
漆　器 162
ワイングラス 163
ガーゼのバスタオル 170
モーニングカップ 171
コップ敷き 174
玩具の陶器 178
タイマー 179
こし器 182
ルック・クック 183
小物入れ 186
岡持ち 187
三分以内で作れるお酒の肴……………… 193
あとがきに代えて　斎藤明美…… 221

いいもの見つけた

まえがき

年の功より亀の甲とかいうけれど、人間商売を五十余年も続けていれば、誰でも白髪と一緒にコケも生えてくる。私にも私なりのコケが生え、もともと頑固な生まれつきらしい私は、いよいよ「老いの一徹」とでもいうのか、キライなものはすべてブッ飛ばし、スキなものはナメてもいいほどいとおしくなる、というほど「好き嫌い」がはげしくなった。困ったことである。

「自分の好みを他人に押しつけるのはよくないことだぜ」と、私のオットセイ、じゃなかった、オット・ドッコイは言うけれど、決して「押しつける」という意味ではなく、長い間、私の身のまわりにはべって、私を慰め、励まし、助けてくれた、私の愛すべき親衛隊たちの御苦労を、なんとなく皆さんに紹介したい、と、ボチボチ書いた雑文が、チリも積もれば山となった。

チリの山は立派な表紙をつけて頂き、晴れがましくも、世の陽の目をみることになった。ありがたいことである。

高峰秀子

櫛

「秀子ちゃん、これをあげましょう。お仕事の役に立つかもしれないから……」

そう言って、私の掌に三枚の櫛《くし》を並べてくれたのは、いまは亡き女優の田中絹代さんである。ところは、鎌倉山の「絹代御殿」と呼ばれていたスキヤ造りの絹代さんの寝室、秀子ちゃんと呼ばれた私は、そのとき十二歳だった。

菊池寛原作、五所平之助演出の、映画『新道』前後篇、『花籠の歌』と、三本たてつづけに彼女の妹役をつとめた、貧しい少女俳優だった私を、当時、二十八歳、日本映画を代表する「銀幕の女王、日本一の人気女優」であった絹代さんは、ほんとうの妹のように可愛がってくれた。私もまた絹代さんが好きだった。撮影所の中ではもちろんのこと、撮影が終わって鎌倉山の自宅へ帰るときも、「お願い、秀子ちゃんを貸してね」と、私の母に手を合わすようにして、黒塗りの自家用車に乗せて私を鎌倉山へ連れ帰った。家にはいつも二人の女中さんの他には誰もいなかった。私たちはまずお風呂に入って撮影所のほこりを洗い流したあと、向き合って夕食のお膳に向かった。檜《ひのき》の風呂桶は蹴とばせば底が抜けるほど薄く優しく、お膳も食器もすべてがお雛様《ひなさま》の道具のように愛らしく、それにも増して私の眼の前にいる絹代さんのつぶらな瞳はもっと美しく愛らしかった。夕食のあとはファッションショーであった。洋服ダンスや和ダンスの並んだ納戸《なんど》に私を連れこんだ彼女は、サテンのワンピースや外国製のセーターなどを次々に取り出しては私に着せ、「私より、秀子ちゃんに似合う」と言って、小さな掌をパチパチと叩いた。いったい私はどれほどの服や着物を彼女から貰《もら》ったことか、いま考えても思い出せぬほどの数であり、どれもこれも当時の私がサカダチしても買えないような上等品ばかりだった。けれど、育ち盛りの私の背丈はぐんぐんとのび、みるみるうちに五尺に満たない絹代さんの背を越した。ウエストのボタンはとまらず、セーターの袖もつんつるてんになった。絹代さんの手から私の掌に三枚の櫛が渡されたのは、くれるほうも貰うほうも途方に暮れていたそんなある日のことだった。櫛は、朱色の地に金で菊の花が画《か》かれたもの、金地に密な蒔絵《まきえ》がほどこされたもの、もう一枚は渋くおさえた金一色のもの、と、まるで女の一生を物語るような三枚だった。絹代さんは、遠からず少女役から桃割れの娘役に、島田から丸髷《まるまげ》にと成長する女優としての私を夢みて、三枚の櫛をくれたのだろうか？私には未だにその意味はわからない。

その後、間もなく、私は松竹映画から東宝映画に籍を移した。そしてさらに新東宝を経てフリーランサーになって現在に至っている。「松竹から東宝に移るとき、私は絹代先生に相談に行ったのだよ。絹代先生はじっとうつむいて考えていたけれど、東宝へゆくことで秀子ちゃんが立派な女優さんになれるなら、いえ、しあわせになれるのなら、私にはとめる権利はありません、と、キッパリとおっしゃったのだよ」という、母の思い出話を聞いたのは、すでに絹代先生が黄泉《よみ》の世界に旅立たれたあとだった。遅すぎる言葉は何の役にも立たない。その愛情のこもった彼女の言葉に感謝したくても、相手の姿はもうこの世に無く、今さらながら思慕のおもいが胸に溢《あふ》れた。

三枚の櫛は、あまりに上等すぎて、私の頭に乗せるには分《ぶ》にすぎた。つまり私は、彼女が私の上に夢みたような立派な女優にはなれなかったということである。私は三枚の中の金一色の櫛を、私の最も尊敬する杉村春子先生に贈った。怠け女

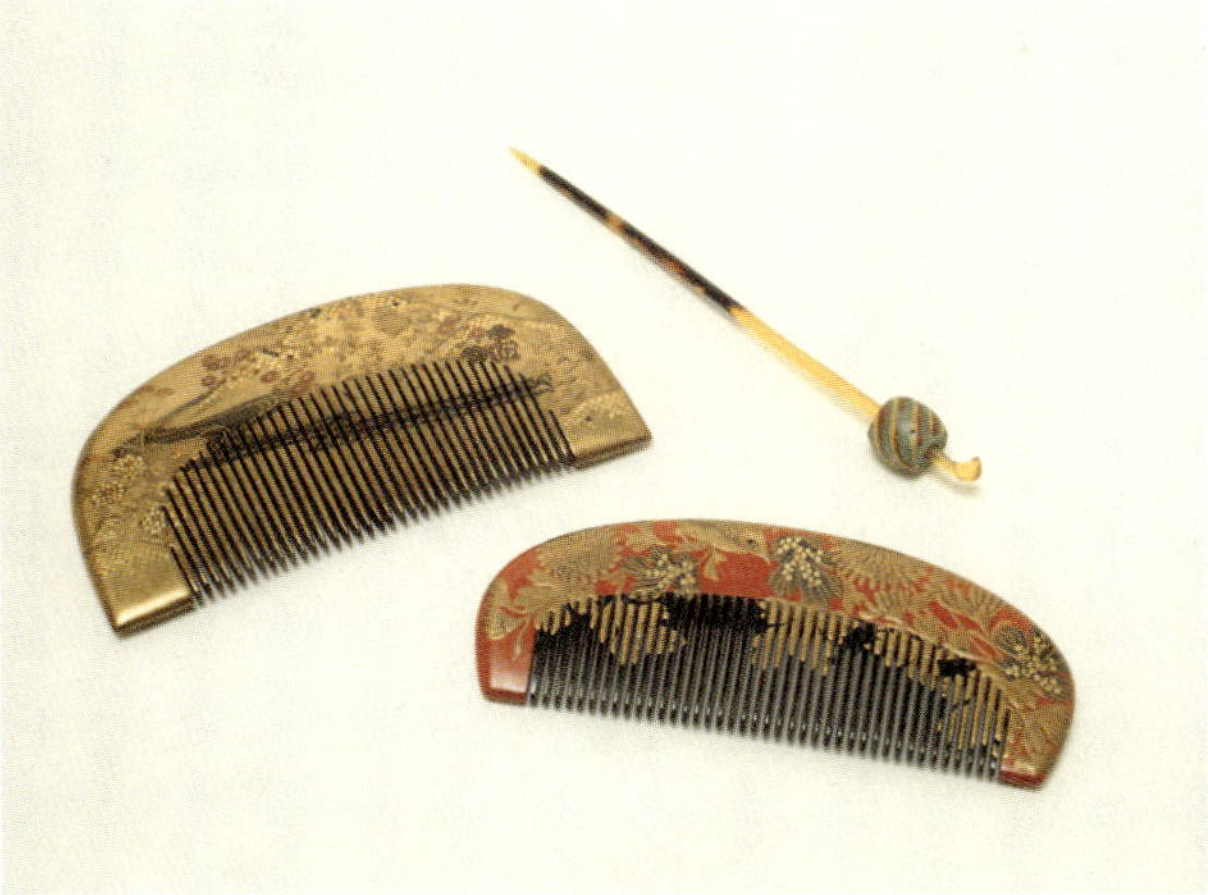

櫛

優の私よりも、名優杉村先生の舞台姿を飾るにふさわしい、と思ったからだった。櫛は、二代にわたって日本を代表する女優の髪を飾る運命を持ったことになる。

いっときスクリーンから遠ざかっていた絹代さんは、昭和四十九年に再びスクリーンの上に姿を現わした。映画『サンダカン八番娼館』に主演して、見事に演技賞を獲得した。

文字通り終始「女優」を全うした人だったけれど、個人的には結婚にも恵まれず、子も無く、孤独な生涯をおくった人であった。晩年は、もと田中家につとめていた女中さんの家で、飼猫を膝にのせてお茶づけをすするのを唯一の楽しみにしていた、と聞く。四十余年前、私と向き合ったお膳の前で静かに箸を動かしていた大スターの彼女に、少女だった私はふと孤独の影を感じたことがあったけれど、彼女は終始その孤独を道づれにしたまま、静かに地下に消えてしまった。

それにしても、戦争や、何度かの引越しを重ねた四十余年の間に、絹代さんに貰った衣類はかげも形もなくなったのに、三枚の櫛だけは不思議にいつも私の鏡台の引き出しにあった。古い櫛には女の魂や怨念が宿っている、といわれるけれど、私に残された二枚の櫛は、私を愛してくれた絹代さんそのものと思って、生涯、私のお宝にしていたい、と思っている。

ハンドバッグ

少女のころの私は貧乏だった。その代わり若く、愛らしかった。その私がはじめて自分で選んだ着物は、農家の娘さんが野良着《のらぎ》に使う木綿のニコニコ絣《がすり》だった。紺地にパッチリした井げた絣の着物にエンジ色のすそまわしをつけ、同色の半幅帯をキリッと貝の口にしめて、ひとりで得意になっていた。若さとは安上がりなものである。

女優という職業柄、好むと好まざるとにかかわらず和服を着なくてはならぬ場合が多い。ニコニコ絣からはじまった私の和服遍歴は、黄八丈、大島紬《つむぎ》、山繭《やままゆ》、そして、今は結城《ゆうき》紬におちついている。「どんなに高価でも、紬はしょせん普段着」というタブーを承知で、紬の留袖を染めたり、裾に秋草などを散らした訪問着で大きなパーティーにも出席している。こういう着物の着かたはヘソ曲がりでイヤ味だと言われても仕方がないけれど、平凡で土臭い私の御面相には一越《ひとこし》や綸《りん》子《ず》の、いわゆる柔らかいものはまるで似合ってくれず、無理して着れば安ものの漫才師さながらにヤボったくこっけいなていたらくとなる。

和服でもうひとつむずかしいのは、ハンドバッグだとおもう。市販されている和装用ハンドバッグはあまりに品よく小さすぎて役に立たないし、ラメ入りや佐賀錦などのピカピカのパーティーバッグは紬の着物には合わない。私が苦しまぎれに使っているのは、昔、御隠居さんが手にブラ下げていた紐のついた手さげ袋である。無地の鹿皮や印伝《いんでん》製の袋を買って来て、紐だけ朱色にとりかえてみたり、袋帯の端切《はぎ》れに裏を張って仕立ててもらったりして重宝をしている。世の中にはハンドバッグの種類がゴマンとあるというのに……。やはり、私はヘソ曲がりだと言われても仕方がないのかもしれない。

ハンドバッグ

帯〆め

日ごろ、洋服やパンタロンスタイルで外を飛びまわっている私も、たまに和服を着るときは少しばかりしとやかになり、少しばかり真剣になる。和服の着つけでいちばん気を使うのは半襟《はんえり》の出しかたと帯の形で、このふたつのことで和服姿は上品にも下品にもキマッてしまうと思っている。娘さんの帯は華やかに、粋《いき》すじは四角く大ぶりに、奥さんは生真面目《きまじめ》に小さく、と、なにやら決まりもあるらしいが、私自身の帯の締めかたは、ほとんど帯まくらを使わず、ふっくらと小さくまとめている。和服を着るときは、女優でも奥さんでも素人でもくろうとでもない正体不明の着物の道楽をしたい、という私の願いが、どうやらこんな帯の形におちついてしまったらしい。

私の着物は半分以上が無地だから、帯は自然に華やかな柄ものになる。ということになると帯〆めも自然に無地ものと決まってしまう。帯〆めは和服のオヘソだから、イイカラカンではいけない。色も吟味し、材質も上等なものを、とガッツ買い込んでいるうちに帯〆め箱が満員になってしまった。私はときたま、いたずらをして、和服ならぬ洋服の、無地のワンピースやチュニックのベルト代わりに帯〆めを使ってみる。これが意外と悪くないのである。日本びいきの外人女性は、丸髷《まるまげ》用の笄《こうがい》の先だけチョン切ってペンダントにしたり、金髪の髷を塗り箸でとめたりして、日本古来の小道具を上手に使っているけれど、日本人が真似をするとなんとなくサマにならないのは、どういうことだろう？　目下、フランス、アメリカ、中国、日本、と、世界を舞台に大活躍をしているデザイナーの、わが森英恵女史は、そのデザインに日本の古い柄を上手にとり入れて効果をあげているが、これまた、外人女性が着るとエキゾチックで魅力的だが、われら日本女性が着ると、古い長じゅばんの仕立て直しみたいになってしまう。私の、ベルト代わりの帯〆めも、さしずめ、牛に引かれて善光寺詣りのくちかもしれない。

帯〆め

蛇の目傘

カッと目を射るような、真夏のバンコックに到着した私は、「ヘエ！」と眼を見張った。最近では日本でもめったにみられない、あの骨太で素朴な「番傘」を荷台にくくりつけて日除け代わりにしてペダルを踏んでいる人々の姿があちこちに見られたからである。私は日本から遠くはなれたバンコックで懐かしい友人にでも出会ったような気がした。

まだ幼かったころ、肩の上でクルクルと回して楽しんだ、桃色の絹地に花模様の画かれた小さな絵日傘。雨の日に、宿屋の番頭さんが「へい、行ってらっしゃいませ」と言いながら、ポン！　と開いてくれる屋号入りの、ちょっと重い番傘。それより少し上等でシンプルなデザインの蛇の目傘。粋《いき》すじの女性《ひと》がさす、美しく華奢《きゃしゃ》な細傘……身体をすっぽりとおおうほどに大きい日本の雨傘は、雨の強弱を音で聞く。春の雨はショショショショと優しく、嵐の日には豆を炒るように激しく、ともに情緒がある。

いまのように開閉の出来る傘は、一五九四年、堺の商人であった、納屋《なや》助左衛門がはるばるルソンから持ち帰ったといわれ、「さし傘」が広く民間で使われるようになったのは江戸時代からだという。はじめのころは蛇の目傘、そして武骨《ぶこつ》な大黒屋傘、紅葉《もみじ》傘から絵日傘までと、「和傘」は私たち日本人には無くてはならない生活の小道具だったのに、明治のころからは鉄の骨に布張りの「洋傘」に人気が集まって、和傘はほとんど見かけることもなくなってしまった。

〽からかさの、骨はばらばら、紙は破れても……という小唄の文句にもあるとおり、紙張りの和傘はなんといっても弱い。時世時節《ときよじせつ》で、それも用途のはげしい生活の小道具などは、たちまちふるい
にかけられて、いっそう便利で安直《あんちょく》なものに移りかわってゆくのはしかたのないことだろう。けれど、あの美しいフォルムとデザインを持った和傘の命が、たった三百年足らずとは、なんとも哀れで気の毒な気がしてならない。

和傘のヒイキをするわけではないけれど、現在《いま》の洋傘は全く味けない。ボタンを押してバッ！　と開き、ギュウと縮めてバッグに押し込む。「濡れなきゃいい

蛇の目傘

んだろう！」と傘に怒鳴られているようで、なんだか恐ろしくなっちまう。古人間の私はやはり、日本の傘が好きである。

スーツ

あたりまえのことだが、日本国には春夏秋冬という四季がある。夏といっても耐えられぬほどの暑さではなく、冬のきびしさも、瞬間冷凍になるほどの寒さではない。暑いの寒いのといっても、ゼイタクなほど日本の四季はおだやかである。

春夏秋冬……人それぞれに好きな季節はあるだろうけれど、重たいコートを脱ぎ捨てて身軽になる春のはじめは、やはり心まで軽くなる思いだ。

花屋の店先に春の色があふれ、木々の梢がチラチラと青い芽を吹き出すと、人々もまたモッコリと着こんだ衣類を、まるで殻でも脱ぐように一枚一枚と脱いでゆく。家の中ではセーターとスカート、そして外出着には軽いスーツ……。

そう、春はスーツを楽しむ季節ともいえる。

ふだん着のセーターは、バーゲンや手作りで間に合わせても、春風の中のスーツだけは、少々はりこんで新調したいと思うのが人情である。私は以前から一年間の外出着を「スーツ二着」で通す工夫はないものか？　と考えていた。

女優という商売は、好むと好まざるとにかかわらず、やたらめったら衣裳がいるので、その繁雑さにうんざりし、もうちょっとスッキリした服飾生活をしたいと思うあまりに、こんなことを考えるのかもしれないし、スーツという便利な衣類を、自分なりにフルに試してみたい、いまはやりの言葉でいえば「スーツに挑戦してみたい」のかもしれない。

スーツにも、ピンからキリまであり、ブティックを二、三軒のぞけば、カジュアルからフォーマルなスーツまでがずらりと並んでいる。まさに目の毒、迷いのもとである。

私が二着のスーツを選ぶとすれば、軽いスーツと重いスーツに決める。

一着は布地もデザインも気軽なもので、たとえば、上等のニットかホームスパンのスーツ。色は無地でブラウスやスカーフで変化をつける。これが朝から夕方までの軽いスーツ。もう一着は、男性のダークスーツに相当するフォーマルスーツとして、布地も仕立ても最上等にしたい。色はもちろん無地で、黒か、それに近い濃い色を選ぶ。そうすれば、冠婚葬祭はもちろん、宝石やコサージュなどのアクセサリーひとつで、どんな場所にも出られる。夜のパーティーの招待状に、もし、「ブラック・タイ」という指定があれば、女性はイヴニング・ガウン着用、ということだから、そういう席に出る必要があるなら、上衣と同じ布地でロングスカートを作っておけばよろしい。色とりどりのはなやかなロングドレスの中でのスーツスタイルは、キリッとして、かえって効果的かもしれない。

考えてみれば、私たち日本女性のほとんどは、無意識のうちに、和、洋という二重生活をしているわけである。和服と洋服、じゅばんとスリップ、足袋と靴下、草履と靴……。

身のまわりがごたごたするのはあたりまえである。やっぱり、スーツ二着でスマートにゆこうっと……。

ちょっと得意になって、夫に話したら、「その代わり、アクセサリーはダイヤモンドやエメラルドなんてことにならないようにお願いします」と、一本、釘を

スーツ

ロングドレス

させれた。

ロングドレス

この二、三年、私たち日本人の服飾関係に目立って浸透してきたのは、ブーツとロングドレスだと思う。ブーツはどちらかというと、ヤングに先どりされた格好だけれど、ロングドレスは年齢の関係なく、深く静かに潜行しつつあるようだ。

ロングドレスを着る場所は、結婚式など華やかなパーティーが多い。若い女性はナウなドレスを、そして年配の女性は鹿鳴館時代のローブ・デコルテへの夢よろしく、最近は、和服の訪問着や色留袖の間に、さまざまなロングドレスが仲間入りしている。

ロングドレスは、なぜ、着られるのだろう？　「和服の盛装はお金がかかるから」「和服の着つけが面倒だから」「形の悪い脚をかくせるから」「身軽で経済的だから」と、それぞれに理由はあるのだろうけれど、ロングドレスはまだまだ私たち日本女性にとって「新鮮な衣裳」であるとともに、やはり「一度は着てみたい衣裳」なのではないかしら？　と私は思う。私は商売柄、少女のころからロングドレスを着てステージに立って歌うことが多かったが、「私も一度でいいから、すその長いドレスが着てみたいわ」といわれるたびに、「ヘエ、そんなものかしら？」と思ったことがある。ロングドレスは、いうならば私の仕事着であったから、珍しがられることのほうが私には珍しかった。敗戦後、現在《いま》の東京宝塚劇場はアメリカの進駐軍に接収されて、兵士慰問のための劇場になっていて、「アーニーパイル劇場」と呼ばれていたが、さあ、そのステージで歌うことになったが、ロングドレスがなく、あわてて、旧日本軍の落下傘用の白絹や、和服の雨コートをドレスに仕立てて着たこともあった。大きいステージはやはりロングドレスのほうが格好がいい。当時は「ロングドレス」とはいわず、アメリカ風に「イヴニング・ガウン」と呼んでいた。

さて、いったい私たち日本女性に、ロングドレスは似合うものか、どうか、となると、なかなかむずかしい。もちろん西欧人の中にも身体に対して頭の大きいちんちくりんや、脚の短いデブもいるけど、なんせ、生まれたときから洋服を着慣れている彼女たちは、ロングドレスを着ても、背すじをピンと張り、どこか颯《さっ》爽《そう》としていて、いわゆるものおじをしない。ちょうど私たち日本女性が和服を着たときにいうにいわれぬ、ある自信を持つのと同じなのだろう。最近の若い女性の肢体は、そこら？　の外人サンより、よっぽどのびのびと美しくなった。脚の長さだって申し分ない。ブーツもロングドレスもよく似合う。ただし人形のようにジッとつっ立っている限りは、である。一歩歩き出したら最後、百人のうち九十人までは、せっかくのロングドレスがネグリジェや腰巻きに見えてしまうのは、いったいなんとしたことだろう？

私たち日本人の歩きかたは、自慢じゃないけれど世界一といっても過言でないほど「下手」である。背中を丸めてのチョコチョコ歩き、ヒザの曲がったヒョコヒョコ歩き、その中でも日本人特有の内また歩きは、ロングドレスやブーツの大敵だと私は思う。ロングドレス着用経験者の一人としてチイといわせてもらうなら、まず第一に、下着だけになって大鏡に向かって歩き、自分の歩きかたをチェックしてみることだと思う。われながら申し分のない歩きかただと思ったら、それでＯＫ。つぎは、とにかく着慣れることである。新調のロングドレスをパーティーの当日までしまいこんでおかずに、せめて、二、三度は身につけて、ちゃんと靴をはいて、家の中をグルグル歩いてみたり、腰かけたり、階段を上がったり降りたりして、着こなしてしまうことである。ロングドレスの生命は、一にも二にも優雅なすそさばきにある、と私は思うからである。なにが忙しいのか、ホテルの廊下をロングドレスのすそをたくしあげて歩いている女性《ひと》を見かけるけれど、あんなカッコ悪いものはない。あの姿は和服でいえば尻はしょりをして腰巻きを出す夕立ちスタイルと同じである。

とにかく、ロングドレスを着ちまった以上は、やぶれかぶれで、「自信」を持つことが、美しくみせる唯一のコツといえるのではないだろうか。ファッションモデルのように眼尻吊り上げて肩で風切る、という感じではなく、そう、話はちょっとオーバーかもしれないけれど、来日したエリザベス女王の、あの気品と優雅さこそ見習うべきではないか、と思う。エリザベス女王は、腰をぬかすほどの美人でも、スタイル抜群の女性でもない。しかし、彼女はおどろくべきチャーミングな女性《ひと》である。

毛皮

昨今、毛皮ブームだそうである。

見るも荒々しい狼や狸から、ネコシンジャッタ風の哀れな毛皮までが、コートやジャケット、ストールやケープに化《ば》けて冬の街を闊歩《かっぽ》しているさまは、動物園さながらで、日本国における毛皮の流行もここまできたか、と古人間の私はなんとなく感慨深い。

私と毛皮との出合いは、いまから四十余年前、私がまだ片手で数えられる年だったころである。当時から映画の子役をしていたので、母は貧乏のくせに私の身なりだけは相当ムリをしていたらしく、その冬は白いウサチャンのえりまきを奮発して私の首に巻きつけた。子供は風の子、といわれるように、子供はそんなに寒くない。ビロードのベレー帽にウールのオーバーコート、その上に肩まで垂れるウサギのえりまき、私にとって嬉しいどころか暑くて暑くて迷惑そのものだっ

毛皮

たのを、いまでも覚えている。

女優という商売は因果なもので、家ではタクワンにお茶漬けでも、着るものだけはそろえなければならない。現在《いま》のようにジーパンにシャツでは出るところへ出られないから、私も若いころはしかたなく、片っぱしからファーコートやストールを着た。私の経験によると、防寒用として一番あたたかいのはリスだった。アストラカンとアザラシはともに重く、シールは皮が破れるとどうにもならず、セーブルは毛がやわらかいので弱い。ブロードテールは軽くて着心地はよいけど、すぐに袖口や襟がすり切れて、イナバのシロウサギ然となる。ホワイトミンクは黄色くなるし、サファイアミンクも色が変わる。チンチラはめちゃめちゃにあたたかいが、やはり弱い。

こう並べてみると、やはり毛皮の王様といわれるだけあって、上等のミンクは丈夫であたたかいし、そう重くもない。ただし、ちんちくりんの私がミンクのコートを着ると、マレー熊そっくりになるので、一度でこりて、ミンクを使う場合は、メスのミンクを求め、レインコートの裏に張って着ている。毛皮をとりはずせるように仕立てておくと旅行用には大変便利だ。ミンクといえば、ある冬、注文したミンクのハーフコートが届いてきたとき、ポケットの中から一枚の便箋が出てきた。

「私は毛皮を仕立てるお針子です。あなたの大ファンなので、一針一針に心をこめて、このコートを縫いました。私の作ったコートがあなたをあたたかく包んでくれることを想像するだけで、私は幸福です。ありがとう。　あるお針子より」

と、あった。私の眼から、なぜか涙がこぼれた。私こそ、ありがとう、と返事を書きたくても、その人の名前も分からず、もし毛皮屋にたずねたりすれば、その人の立場がかえって悪くなってもと思い、私はその手紙を、また、そっとポケットに入れた。そして、そのコートを着るたびに、裸電球のぶら下がった仕事場で、指先に力をこめながら毛皮を縫い合わせている女の人の姿が目に浮かんでならなかった。


昭和三十六年の冬、私たち夫婦はドイツへ旅行した。その寒さは日本とは比較にならないほどきびしく、身体の中を風が吹きぬけ、耳や鼻はちぎれそうで、一歩も歩くことができなかった。私たちは財布の底をはたいて、夫はアストラカンの帽子を、私はブロードテールのコートとトーク帽を買って、やれやれと一息ついた。そして、生まれてはじめて、ヨーロッパの人々にとって、毛皮は贅沢品《ぜいたくひん》ではなく、まったくの必要品であることを身にしみて知ったのだった。パリでもロンドンでも、外で働く花屋や新聞売りのおばさんたちは、みんな重たい毛皮のコートを着こんで、白い息を吐いている。私たち日本人が、ちょいとおしゃれに毛皮をひっかけるのとは、しょせんわけが違うのである。

西欧の女性の関心は「宝石とミンク」にある、というけれど、彼女らはけっして贅沢や見栄でミンクにあこがれているわけではない。室内に暖房がゆき届いているので、外出のときの毛皮のコートさえあれば、洋服は薄いもので結構間に合うし、ミンクは丈夫で一生ものだからかえって経済的である、といういたって合理的な考え方をしているようである。

靴とハンドバッグ

「美容ブーム」である。美容体操とか、美しく痩《や》せる方法とか、美容整形とか、

靴とハンドバッグ

美人になるのもラクではない。

しかし、日本女性はもともと美人の点では、イイ線をいっていると私は思う。その生まれながらの美しさをダメにしているのは、実は当の女性自身なので、私たち日本人のほとんどは「歩きかた」が実に下手だ。

その理由は私たち日本人が「靴」というものを履きはじめてからまだ百年ほどの歴史しか持っていないから、なのか、「靴」というものは、もともと足に合うはずのモノではなく、足を靴に合わせるよりしかたがないのダ、という、日本人特有のふしぎな諦観のなせる業なのか、私にはわからないけれど、とにかく、西欧人が靴を買うときはウンザリするほど時間をかけて徹底的に自分の足に合う靴を探すけれど、日本人はルックスを第一にし、ロクに履いて歩いてみもせず、実に無造作に靴を買うようである。

胸を張り、膝をのばして、スッスッと美しく歩いている人は百人に一人ぐらい。タクシー料金も上がったことだし、歩く練習をするにはチャンスである。「立てば芍薬《しゃくやく》、すわれば牡丹《ぼたん》、歩く姿はチンパンジー」にならぬよう、せっせと歩いて美人になろう。

スカーフ

私がはじめてパリへ行ったのは、昭和二十六年の初夏だった。パリがすべての流行のメッカであることは、当時もいまも同じである。生まれてはじめての赤ゲットの私が、パリへ行けば、さぞやあふれるほどのニューファッションが見られるだろうと期待に胸を躍らせたのも当然のことだろう。けれど、私の眼にうつったパリは、意外も意外、街ゆく女性の十人のうちの八人までが、なんのへんてつもない地味なスーツ姿だったのには、ガッカリするよりさきにビックリしたものである。

考えてみれば、華やかなファッションを売るためにはそれらを創り出す裏方がいる。パリに住むデザイナーの彼やお針子の彼女らはあくまで裏方なのであって、自分たちがチャラチャラと着飾っているヒマなど、あるはずがないのである。そういう彼女らにとって、スーツほど便利な服はないのだろう。スーツさえきちんと着ていれば、だいたいどんな場所へも出られるし、アクセサリーしだいで、男性のダークスーツに相当するフォーマルな衣裳にもなる。上衣を脱いで身軽になればすぐに仕事にとりかかれる。フランス人の堅実な生活ぶりが、そのスーツ一着に現われているようであった。

忙しげな足どりで街をゆく若い女性の、スーツのアクセサリーといえば、スカーフのおしゃれ一辺倒だったようである。

いまでもパリの街には、軒《のき》を並べて、という形容がピッタリくるほど、スカーフ、手袋などの小物を商う店が多い。彼女らは、なにか特別の日を迎えるときには、美しいスカーフを新調してスーツの胸もとを飾って気分を変えるのがたのしみのようである。

ほんとうはブラウスを新調したいところをスカーフ一枚でグッとがまんし、おこづかいがたっぷりと溜るのを待って、バン！　としたスーツを、というのが彼女らの考えである。

日本でも、最近はスカーフのおしゃれが流行《はや》っているらしいけれど、まだまだ衝動買いが多いらしく、フランス人ほどの計画性はないようだ。私なども、大金

スカーフ

を投じて買ったスカーフがどの洋服にも合わず、結局はタンスの引き出しに放り込んでじだんだを踏むことの繰り返しで、口惜しい思いをしている。

パリには、私の古い友人で、フランス人と日本人の混血の女性がいる。別れた夫の仕送りを受けながら自分も働いて、二人の娘を育てているが、その生活はつつましいというか、じつに質素である。しかし彼女はエルメスのスカートをつけ、同じエルメスのスカーフをはなさない。

「このスカート、高かったけど、もう五年はいているのよ、何度洗濯したか数えられないくらい。でも、結局、高くてもいいものはトクね」

私は、その紺のスカートをしげしげと眺めたが、うちこみがよさそうでズッシリとしたスカートは、新品同様でシワひとつなく、踏まれても、もまれても、ビクともせず、「これぞ、スカート！」と、その存在を誇っているかのように見えた。

「じゃ、また明日」と、別れるころに雨が降ってきた。彼女は私と握手をすると、エルメスのスカーフで無造作に頭をつつんで駆け出した。「うわ、もったいない、それ絹でしょう？」と叫んだ私に、彼女はキョトンとした眼で振りむいた。

「大丈夫よ、家へ帰ってアイロンすればピーッとなって新品に戻っちゃうから、高くってもトクよ……」ああ、この確信に満ちた答えかた……。その語気には、「エルメスともあろうものが、雨くらいでダメになられてたまるものじゃない」という、あるきびしさがあふれていた。

「なるほどね……」私はフランスの女性の、したたかな根性をみせられた思いで、ちょっと呆然とし、タクシーを停めることも忘れていた。

宝石

最近は、アクセサリーもサイケデリックになってきて、オモチャのような形や色に人気があり、宝石のつけかたも昼夜の別なく自由に楽しめるようになってきたらしい。十本の指に幾つもの指輪をつけている若い女性をみかけるけれど、ミセスとなると、やはり「本物」のよさに心をひかれるようである。

高価な宝石は、即、女の虚栄心につながるから、やたらと大げさな宝石はかえってイヤ味になるけれど、さっぱりとした服に、控えめで、ただし上等なアクセサリーをつけた女性は、私自身の好みからいうと、最高な人妻のおしゃれである。

宝石のセットにも流行《はや》りすたりがある。宝石店が軒をつらねている香港《ホンコン》には簡単に宝石の仕立て直し？ をしてくれる店もある。客の目の前で、古いセットの石をはずし、小さな計量器でカラットを計り、セットに使った金やプラチナの目方も計る。宝石店専用のデザイナーが、客の気に入るまで幾つものデザインを画く。デザインが決まれば、つぎは宝石のかり縫いで、粘土の台に宝石をはめこんで客の指につけてみる。宝石を足してみたり外《はず》してみたりして納得がゆけば、そこではじめて費用が計算されるという寸法である。香港商人は、セットになるべくたくさんの金やプラチナを使って売りあげを稼ごうとするが、それさえ気をつければ細工も要領よく、仕立て代も高くはない。もちろん日本にも優秀な宝石職人がいるけれど、人数が少ないので指輪一個のリフォームが半年から一年もかかってしまうから、仕立て直しをしているうちに流行が変わってしまうこともあって、宝石のリフォームはなかなかむずかしい。

パリの、あるフランス女性から聞いた話だが、彼女に女の子が生まれたとき、

宝石

彼女はピンクの真珠の玉を一個買ったそうである。そして女の子の誕生日が来るごとに、サイフと相談して真珠の玉を、二個、三個と買いたし、女の子が結婚したときには立派な一連のネックレスになって、ウエディングドレスの胸を飾った、という。

前に書いたように、私の貧しい経験からしても、宝石だけはたとえ小さくても最高の品を買うことをおすすめしたい。真珠のパーティーリングにしても、毎年一個ずつ買い求めた玉を五つ六ついっしょにして指輪に仕立てる、というように、ちょっと知恵を働かせると、支出も少なく、楽しみなものである。宝石は女の夢というけれど、買いかたにも使いかたにも夢を持ちたいものである。

香水

アメリカやヨーロッパの劇場や、西欧人のパーティー会場へ行くと、その華やかな装いやきらめく宝石に目をうばわれる前に、まず、いろいろな香水の入りまじった強烈な匂いに圧倒される。

西欧人は体臭が強いので、男も女も香料を化粧料というよりは必需品として使っているようだ。男性はオーデコロンを首のまわりやわきの下に浴びるほどふりかけ、女性はより濃厚な香水を、耳のうしろ、手首などにすりこんで、それでも足りずにスプレーで下着一面に吹きつけたりする。

匂いはその人個人の性格を表示するたいせつなもので、その人の使っている香水の匂いで、その人の好みや性質まで判断できるわけだから、彼や彼女の「匂い」に対する関心はじつに深い。

私も、外国のホテルのエレベーターの中で見知らぬ人から「あなたの香水はなんですか?」と聞かれたり、街ですれちがった女性《ひと》に「あなたの香水の名前を聞いてもいいかしら?」といわれてビックリしたことがある。日本ではまず考えられないことである。

パリには、幾百、幾千種類もの「匂いのエッセンスのはいった小瓶」を並べて、客のイメージや好みに応じて香りを調合してくれる店がある。

そんな店にはたいてい、一見して有閑マダム風の女性がドッカリと腰をすえ、真剣な表情であれこれと匂いを試している。私も真似して店へはいってみたけれど、迷えば迷うほどへんてこりんな香水ができあがり、その複雑な匂いをかいでいるうちに頭痛がして閉口した思い出がある。

日本では、香水の匂いで「あ、あの人だ」と気がつくほど、香水を個性的に使っている人は少ない。私の知る限りでは、村瀬幸子さんという女性ただ一人である。

村瀬さんは、私がまだ子役のころから新劇の女優さんだった。私は映画やラジオでよく彼女と共演したが、彼女のいる場所には、いつも、なんともいえぬ良い香りがただよっていた。

その香りが村瀬さんのつけている香水の匂いなのだと気がついたのは、私が少女になったころだった。

私は村瀬さんに聞いた。

「その香水、なんて名前ですか?」

「ソワレ・ド・パリっていうのよ。パリの夕暮れって名前……。デコちゃん、好き?」

香水

村瀬さんは、そう答えて優しく微笑《ほほえ》んだ。ほっそりとした身体に切れ長の眼もとの村瀬さんが、急に、見たこともないパリジェンヌのように思えて、私はなんとなくポーッとしてしまった。そして、私も早くおとなになって、香水の匂いで、「あ、あの人がいる」と思われるような女性《ひと》になりたい、と思った。

少女のころ、村瀬さんの効果的な香水の使いかたにあこがれてはみたものの、その後、シャネルだ、リュウだ、黒水仙だと、まるで匂いの中をさまよう浮気な蝶のように、右往左往するばかりで、いっこうに私の匂いは定まらないうちに、五十の坂を越えてしまった。

人間を五十年もやっていると、体内に溜ったオリやらカスやらヘドロのためか、体臭までがクサクなる。

そこらにある香水を、手あたりしだいにぶっかけて、老臭を消すなんて、ああ、夢もへちまもあったものではない。

ときおり、街の香水売場で「ソワレ・ド・パリ」の紫色の香水瓶をみかけるたびに、私は、村瀬さんの優しい笑顔をなつかしく思い出す。

そして、一つの匂いと何十年もつきあい続けてきた彼女は、やはり、ひとすじの気性を持った、見事な女性《ひと》だと感心してしまうのだ。

まいまいつぶろ

昭和三十年に、私は『まいまいつぶろ』というタイトルの本を出版した。その「はしがき」に、私は次のような文章を書いている。

「まいまいつぶろとは、でんでん虫のことです。でんでん虫とは、かたつむりのことです。この本のタイトルを、何とつけようかと考えていたら『まいまいつぶろ』という可愛い音の、妙な呼び名が浮かんできて、私の頭の中にピタリと居座ってしまいました。小ちゃいくせに、大きな重たそうなカラを背中にしょって歩きます。ちょいと柔らかな頭を出して、つつかれるとスッとカラの中に逃げこんで、どこかへ歩いていってしまって、また、向こうのほうで頭を出してあたりを見まわしています。何となく、それで、『まいまいつぶろ』というタイトルにすることに決めました」

なにしろ、いまから二十余年も前に書いた文章だから、分かったような分からないような半端な「はしがき」だけれど、五歳の頃から働きはじめて、養父母や住む家まで背中に背負いながら、ヨタヨタと生きてきた私自身と、まいまいつぶろの、一途《いちず》で、そのくせトボけた生きかたに、ふとした接点をみつけた、ということかもしれない。

フランス料理のかたつむり（エスカルゴ）は、食べればシコシコとした歯ごたえでおいしいけれど、妙に大きくて、あまり可愛いという感じはしない。日本の雨上がりの八ツ手の葉に、たった一人でチョコンといるまいまいつぶろは、小豆《あずき》粒《つぶ》のようにチビスケで、大きな図体のカラを背負ってノロリノロリと歩いているサマは、なんともユーモラスで愛らしく、まいまいつぶろはいつのまにか、私のトレードマークのようなものになってしまった。

わが家の飾り棚には現在二匹のまいまいつぶろがいる。一匹は沖縄へ旅行をしたときに買った沖縄ガラスのまいまいつぶろ、一匹は最近ホノルルの貝細工の店でみつけた一センチほどのチビスケである。二匹ともガラス製で、あるかなきかのように心細い風情《ふぜい》なのがいっそう愛《いと》しい、と、私は気に入っている。

まいまいつぶろ

まいまいつぶろ、うまず、たゆまず。

呼び鈴

私の左の耳は聞こえない。しかし右の耳は普通の人の左右を合わせたより以上に聴覚が発達しているそうで、「じつに不思議な耳ですな」とお医者さんがいった。不思議かどうか知らないが、そういえば心当たりといったものがないでもない。私は騒音、高音に強くない。いくら美しい音楽でもあまり音が大きいと、ちょうど口の中へ梅干しをふくんだように口の中につばがたまって、顔まで梅干しのようにクシャクシャになる。それに、東京育ちのくせに騒音には絶対になれず、世間が寝しずまった夜ふけでも、私だけは窓外の騒音に悩まされて眠れない。まるで、この世に泥棒の番でもしに生まれてきたようなぐあいである。そのほか、自動車のパンクの音にもからだごと飛び上がるという特技を持っているし、電話のベルはきらいを通り越して憎悪さえ感じる。映画の仕事で騒がしいロケーション地の宿に泊まるときには、必ず脱脂綿を持参して、右の耳に詰めて寝なくてはならない。頭や目は疲れても〝耳が疲れた〟という人を聞いたことがないが、私の耳はたしかに疲れるのだから困ったことである。そのうえ、私の耳は音の好ききらいが激しくて、大好きな教会の鐘とお寺の鐘にはすぐ耳をそばだてる癖がある。それにもう一つ、わが家の食堂の食卓の上で、いつも私のそばにひかえている銀の呼び鈴のチンチロリンという優しい音が、私は大好きでたまらない。わが家の食卓にくつろいで、ゆっくりとうまいものを食べながら、この銀の鈴をチンチロリンと振ると、「ハーイ」とお手伝いさんの明るい声が返ってくる仕掛けになっている。ぜいたくなことである。ほんとうのことをいえば、私の耳は不思議な耳でもなんでもなく、〝ぜいたくな耳〟とでもいったほうが当たっているのかもしれない。

呼び鈴

ガラスの風鈴

私が生まれてはじめて「古いもの」に興味を持ったのは、昭和二十年の敗戦直後、私は二十歳だった。

なにかの用事で、渋谷の道玄坂を歩いていた私は、ふッと立ち停まった。チリリリーン……という、小さな美しい音色が聞こえたような気がしたからだ。音はそれきり途絶えた。

「気のせいかしら？」

歩きだした私を、また、リリリーンという音が追ってきた。私はうしろを振りかえり、あたりを見まわした。音のありかは、一軒の古道具屋だった。それは古道具屋というより屑屋に近い汚いバラック建ての店だった。美しいガラスの風鈴がぶら下がっているのを見て、私は近づいた。もとはフランスかイギリス生まれの足つきのワイングラスだったのだろう。足がもげた、コップの部分に針金で釘を仕込んで細工をし、さかさまにして風鈴に仕立てたものだった。古道具屋の親父の手すさびか？　なかなかしゃれたアイディアに私は感心したが、それより心をひかれたのは、ガラスが泣いているような、透明で美しいチリリーンというその音色だった。

「これ、幾らですか？」

「これ？……そうさなァ、値段なんてあってないようなもんだなァ……」

ランニングシャツの首に手ぬぐいを巻きつけた親父は、ちょっと困ったような、テレ笑いをし、切子《きりこ》の風鈴は全くあってないような値段で私のものになった。成城学園の家に帰って、早速に私の部屋にぶら下げて、チョイとつついてみた。

「チリリーン……リーン」と、ガラスは優しく泣いた。

みるからに上等なそのガラスは、たぶん戦争前に海を渡って日本に到来し、なに様かのお邸の立派な食器棚に住み、宴会のときには真っ白いテーブルクロスの上にまかり出て、年代ものの白ブドウ酒をなみなみと注がれたことだろう。深い黄色の足つきグラスは、シャンデリアの光を受けて、誇らしげにキラキラと光っていたに違いない……想像はそれからそれへと広がり、戦争中、モンペとスイトン生活で、美しいものから遠ざかっていた私は、久しぶりに自分の想像をロマンチックにふくらませることを楽しんだ。

古いものには夢と歴史がある。私の古物好きは、こわれたガラスからはじまった。明治時代の豆ランプ、色絵の油壺、はんぱものの小皿やそばチョク……私はとぼしい小遣いの中から買えるものだけを選んで、手もとに置いては、自分勝手な夢を作って楽しむようになった。忙しい映画撮影の合間をぬすんで、私は古道具屋や骨董店を片っぱしから歩きまわった。骨董店にはたいてい年配の主人がポツンと店番をしている。老眼鏡ごしに私を見やる顔には例外なくちょっととまどったような表情が浮かんだ。骨董店の店先に若い娘が訪れることはよほど珍しかったのだろう。が、何度か足を運んでいるうちに、お茶をふるまわれ、小さな座ぶとんをすすめられるようになった。

「さあて、なにをお見せしましょうかね」

主人は奥から、ポツリポツリと箱に納まった陶器や漆器を持ち出して見せてくれるようになった。若い私にそれらの上等品など買えるわけがなく、向こうももちろん承知の上だろう。孫娘に自慢の品でも見せてくれるようなつもりだったのかもしれない。私はそうして、志野を織部を古伊万里を、信楽《しがらき》を李朝《りちょう》を知った。

「おじさん、また来ました」

骨董店の主人はいつも柔らかい微笑で私を迎えてくれた。道具屋の店先ですごす何時間かは、私にとってなによりの楽しみであり、心の休息になった。

それから、はや、三十年経つ……。わが家には古ガラクタが満ち溢れ、いまだに忙しい私を相変わらず慰めてくれている。私は、どんなに美しいと思っても使用に耐えないものや、身分不相応に高価なものは買わない。おかずを盛って食卓に出し、一輪の花を投げ入れて小机の上に置き、いつも私のそばにいてくれるものこそ私の友だちだ、というのが私の主義である。

何度かの引越しで、例のガラスの風鈴はとうとう行方不明になってしまったが、その後私はある西洋骨董店で、偶然にも全く同じ色、同じデザインの切子で完全な姿をしたワイングラスに出合った。六個揃って値段はとびきり高かったが、私はなつかしさに負けてそれを買い、食堂の食器棚に納めた。高価な足つきグラスで優雅にワインを楽しむような余裕はないから、私はいつも食器棚のガラス越しに美しい黄色のガラスを眺めるだけだが、そのたびに、渋谷の汚い店先で優しい

ガラスの風鈴

音をたてていたあの風鈴と、その前につっ立って美しい音色に聞き惚れていた若き日の自分の姿を思い出す。そして、少しばかりセンチメンタルになる。

いま持っている六個のワイングラスは立派で美しいけれど、なぜか、足がもげ、釘をブラ下げて哀れな姿で泣いていた、あのガラスの風鈴より、私には可愛く思えないのがふしぎである。

小さな辞典

主人にいわせれば、私は一種の欠陥人間だそうな。五歳から映画界というおとなの世界にはいり、バスや電車に乗ったこともなく、小学校もろくに行っていないから二けた以上の足し算もできない、へんな人間だというのだ。

たとえばの話、私が〝国語辞典〟を引くことを知ったのは、主人と結婚した三十歳の時だった。私は三十歳になるまで〝辞典〟を持つということすら知らなかったのである。知らない字をさがすときは、手当たりしだいにそこいらにある本のページをくってさがしていたのだから、われながらあきれる。

　主人が中学のころから愛用していたという小辞典は、使い古されてぼろぼろになっていた。私は「きたねえ字引きだな」といいながらも、その辞典が主人の分身のように思えて愛着をおぼえた。とれかけた表紙を洋服の残りぎれで補修し、その辞典はその後も、主人の口述筆記をする私のそばから片時も離せない大事なものになった。

　十余年も引きなれたせいか、辞典はすっかり私の手になれて、ぱらりと開けばぴたりとさがす字が現われるようになった。が、かどはすり切れて丸くなり、のりはがれて、一冊の辞典というより、一束の紙きれといったほうが似合うほど、辞典は疲れ果てて哀れな姿になった。まるでこわれものでも扱うように、そろりそろりとページをくっている私を見て「新しい辞典を買ったらいいだろうに」と主人は笑った。私は、もはや使用に耐えない古辞典に心から「ご苦労さま」と感謝して表紙を閉じた。

　たくさんの辞典の中から主人の選んでくれた新しい辞典は、小柄なわりにずしりとした重量感をもって、私のものになった。私は小さな辞典からどんなにたく

小さな辞典

さんの字や意味を教えてもらったかわからない。そのつどの感謝や喜びは、万金にもまさるものだと思っている。私は、辞典に〝便利なもの〟という以上に、ある恐れのような感情を持っているのだ。辞典は私の宝。こんな子どもっぽい考え方そのものが、私が〝へんな人間〟といわれてもしかたのないゆえんなのかもしれない。

時計

過去四十余年間、私が公私共に残した記録は「無遅刻、無欠勤」だけである。といっても、無遅刻は忠実なる目ざまし時計のおかげ、無欠勤は生まれつき丈夫な身体のおかげときては特に自慢のほどもない。

人に起こされることの嫌いな私は、常時二個の目ざまし時計のお世話になって目をさます。寝室に三個、書斎に二個と、わが家にはおびただしい数の時計があるが、彼らは私の親衛隊ともいうべき宝である。最近のように世の中がますます忙しくなるにつれ、私の生活もまた「秒よみテンポ」で追いまくられ、親衛隊とはますます親密な間柄になった。

泊まりがけの旅行から帰ると、家中の時計が、おもいおもいの場所に針をとめて休養している。あっちへ走り、こっちへ走りして、蚤《のみ》とりまなこよろしく時計の針を動かしているサマは、他人からみればこっけいだろうが私にとっては大切な作業のひとつである。

人を待たせることが出来ないタチの私は、約束五分前主義で通してきたが、このごろはお年のせいか十分、十五分前に約束の場所へ到着しなければ気がすまなくなり、あげく、待ちくたびれて疲れ果てたりしてロクなことはない。

私が、世の中で嫌いな奴は、酔っぱらいと、人を待たせて平気な顔をしている人である。どんなにエライ人でも約束に遅れる人は私にとってはちっともエラクない人で、そんな人がいくらえばってても感心もビックリもしてあげないことに決めている。

だいたい、日本人は汽車や飛行機の時間にはカリカリと神経質のくせに、かんじんな、人と人との約束の時間を守らないというルーズなところがあるのではないか。日本人は、世界で一番「時計好き」の国民なのに、時計が好きなことと時間の観念ということがうまくジョイントしないらしい。その見本が私の亭主で、昼と夜の時間を間違えて羽田の飛行場へスッとんでみたり、タキシードを着こんでアタフタとホテルへ着いてみたら「その結婚式は昨日でした」なんてことはザラである。

「僕がメモの時間を見ちがえるのは、最近老眼になったせいだ」などとウソブクが、それすなわち、お年のせいであることには気がつかない。

人間、「忘れる」という恩恵がなかったら、もろもろの雑念に押しつぶされて死んでしまうだろう、というが、過去四十余年、自分なりにつみ重ねては忘れ、忘れてはつみ重ねてはきたものの、それにしても知らないことが多すぎる。時間を無駄にした、と、わが脳みその軽さが恨めしい。

ともあれ、時計の針は前へ進むばかりであと戻りはしてくれない。目ざまし時計の針にブラ下がって、ゆけるところまでゆくより他、道はないのである。

時計

くず入れ

くず入れ

「ごみというものは〝きたないもの〟だが、しかし、ごみ箱にはいったとたんにごみになり下がるので、それ以前はごみでもくずでもない必要品なのだ……」という文章を何年か前に読んだことがある。その文章が印象的で、気どっていえば「心」があって、その著者がまた私の好きな幸田文《あや》女史であったから、私は手をたたきたいような楽しい気持ちで、読んで、かみしめて、のみ込んだ。文章というものはその内容に共感を覚えたときはばかにうれしくなるものらしい。

私は、ごみ入れ、くずかごのたぐいを買うのが好きだ、というより、ほかのものを買うときよりも真剣になって買うということだろうか。中にはいるのが人に相手にされないごみだから「なんでもいいや」というわけにはいかないので、「ごみがはいってますヨ」といった顔でいつも目だっているようなパッと美しいごみ入れがほしいのである。たまったごみを捨てる仕事はだれだって好きではない。ことに台所のくず入れにたまった食物のくずはいやなにおいがしてふたをあけるのもおっくうになる。しかし、くず入れも台所のアクセサリーの一つと考えて、プラスチックできの軽く大きな原色のパッとしたのをデンと据えてみると、それでもう〝覚悟〟が決まってしまって、かえって台所らしさの感じが出て悪くないものだと思う。

ごみ箱からイジイジとごみがはみ出している状態がもっとも不潔できたならしく見えるものだから、ごみ箱のたぐいはできるだけ大きなものでごみが半分ほどにたまったらさっと捨てるのがいいと思う。私は台所のごみ入れには、デパートや食料品屋で品物を入れてくれる紙袋を入れ、その中にさらにビニールの大きな袋を入れて、ビニールの縁でごみ入れの縁をすっぽりとおおっておく。ごみがたまったらビニールの縁をキリキリとひねりあげてその先を紙袋に押し込んでしまう。こうすれば毎晩ごみ入れごと外に持ち出さなくても、ビニールのおかげで悪臭もせず、毎日ごみ入れ深く手をつっ込んで洗う必要もない。

私は主人から〝ごみ出しお秀〟と名前をもらったほどごみを出す天才である。いらないものは片っぱしから捨ててしまうが、さんざん用を足してくれたあげくごみになり下がった〝きたないもの〟は、きたないからいっそうきれいに扱ってやりたいとも思う。だから寝室や居間のごみ入れも花模様の美しいものを置いてある。金属でどっしりしているから、これもやはり紙の袋を入れて、お手伝いさんが毎朝新しい袋を持ってきてはごみのたまった袋と取り替える。かくす気持ちがあるから、なおごみはいじけてきたないので、あけっぴろげに「ごみだア」と公開してやれば、ごみのほうで自然に身ぎれいになっていくのではないだろうか。いまも私のかたわらにひかえているくず入れは、みかんの皮を裸で投げ入れられるのをたしかにこばんだ。私はいらない封筒の中にみかんの皮を入れてくず入れに入れた。冬の夜中、くずかごとちょっとお話、童話にでもありそうで楽しいことである。

本入れ

本を読まなければいけない、と思う。

本入れ

ちゃんとした本を読まないから、頭の中身が薄いのだ、とわかっているから、本を読みたいな、とつくづく思う。それでも読まないのはナゼか？「忙しいから」というのは言いわけで、じつは「しんどい」から読まないだけ、つまり自業自得である。このごろのようにイイカラカンの時代にはつとめて「しんどさ」を求めなければ、と思っても、水の低きに流れるようについ、ウカウカとしてしんどいものにはソッポを向きたがる自分が情ない。そのくせ、せっせせっせと本屋に通ってしこたま買い込んでくるから、家の中は本の山で二階の床が抜けそうだ。買ってきても読まなければ、買ってこないのも同じこと、ふえるのは本の目方だけで、脳ミソのほうは相変わらず羽毛のごとく軽い。

もし、家の中にある書籍を全部読んでいたら、私はもう少しりこうになっているはずだ、と考えれば考えるほど気がせいて逆上し、テレビのアホらしいドラマなどを見ては、後悔しいしい泣き寝入りとなる。そして朝になると、かさ高二十センチほどの新聞と、一かかえの郵便物が「これだけは、ぜがひでも読んでもらいまっせ」という顔をしてやってくる。週刊誌、雑誌の類が月に三十冊あまりも押しかけてくる。まじめにつきあっていてはほかの用事にさしつかえるので、申しわけないがゴッソリとバスルームへ持ち込んで、おなかの整理をするかたわら、雑誌の消化につとめる。読んで後悔しないのはその中の二、三冊とわかっていながらも、やはり一応は目を通さなければ気がすまないのは、持って生まれた貧乏性のせいかもしれない。贈呈の単行本のほうは「そのうちにちゃんとして読もう」と思ってたいせつに本棚へ納めるがラッシュアワーの電車のごとく、折り重なりネジ込まれて身動きもとれず、押し込むのも、ひっこ抜くのも一騒ぎだ。

私のかたわらにひかえているドイツ生まれの小さな本入れが、渋い顔して私にささやいた。

「それも、これも、昭和元禄、太平ムードのせいかもネ」

針箱

他人《ひと》ごとでも、なんとなく楽しい結婚シーズンである。

このごろは太ももあらわなミニスカートのウエディングドレスなども出現して、

〝ビックラ〟することもあるが、私のような中古女には〝結婚〟の二字を見ると「金襴緞子《きんらんどんす》の帯締めながら……」という、なつかしくも、ものがなしげなメロディーが浮かんでくるのだから、大正は遠くなりつつあるのも当然である。

この中古女が結婚したのは、もはや三十一年前の昔である。家も家財道具もそろっていた私のところへ、当時、カモシカのごとき夫が（いまはいのししだが）山のような愛蔵書を持参金代わりにしてやってきたのだから、結婚のために買ったものといえば、おそろいのご飯茶碗と箸、モーニングカップくらいで、金目のものは何もなかった。ただ一つ、三十歳の新婦がわりとあわてて、念入りに物色し、そして奮発したものは時代のついた古風な針箱で、どうしてこんなものを買ったのか、いま考えてもわからない。まさか、結婚するからといって、裁縫もできない私がダンナの丹前など縫えるわけもなく、まあ、これも単なる女性の本能とでもいうのだろうか。

この裁縫箱、十年一日、同じ場所に同じ顔をして納まっていて、たまにワイシャツのボタンをつけるときなどにふたをあけると、まるであくびでもしてる格好で、まったく間《ま》の抜けた存在である。それでも、木の部分はいっそうしっとりと

針箱

つやが出て、金具はさびていい色になっていたが、最近、新入りのお手伝いさんが私の留守にせっせと金具をみがき上げてしまったので、ピカピカと光って、せっかくきれいになったことだから、ひとつ写真でもとってあげようかネ、ということになって、ちょっとお目にかけるしだいである。

仏壇

私が幼かったころ、住んでいた貸家には小さな神棚があった。母が、私が出演する映画の脚本を神棚にあげて、一心に手を合わせていた姿が、いまでも私の眼の底に残っている。

私が少女だったころ、母娘の寝室にしていた部屋に仏壇があった。母は最愛の人であった祖父の戒名を記した位牌を安置して、朝夕かならず手を合わせていた。

私が結婚したころ、家には神棚も仏壇もなく、母はどこかの古道具屋で買ってきたという仏像を黒塗りの厨子《ずし》に納めて、大きな声を張りあげて「ナムミョウホ

仏壇

ウレンゲキョウ……」ととなえては熱心に手を合わせていた。

私は、そんな母を眺めながら、「いったい母ァさんは、どの神さまをいちばん信用しているのかな?」とふしぎに思った。拝まれるほうの身になって考えてみても、そうあちこちと浮気をされてはさぞ迷惑だったろう、と、気の毒になる。

「うちは日蓮宗だよ」と言っていた母が亡くなったのはキリスト教の病院だった。母は病院の敷地内にある教会に納められ、パイプオルガンと讃美歌に送られて、二度と帰ることのない旅に出発してしまったけれど、「オヤオヤ、今度はこんなハイカラな神さまとつき合うのかい?」と、さぞビックリしたことだろう、と私は思っている。

わが家には、神棚も仏壇もない。いや、私たち夫婦が「仏壇」と呼んでいるものが、あることはある。洋間の細いニッチにチョコンと納まっている仏壇は、京都の仏具屋に頼んで作ってもらった、高さ七センチの根来《ねごろ》塗りの厨子である。小さな厨子の中には親指ほどの、これも根来塗りの位牌が納まっていて、夫の姉と、戦死をした兄、夫の母親、そして私の実母、実父、養母の名がチマチマと書き入れられている。厨子の扉は常時開かれているけれど、それでもまるでせせこましい団地並みで、六人の霊が窮屈そうにおしくらまんじゅうをしているような眺めである。

供えものは、水を切らせたことのない直径二センチほどの水滴《すいてき》。ときどき私たち夫婦が夜半の酒盛りをするときに、水滴の水をウイスキーにしたり日本酒にしたりブランデーにしたりして、「お父ッちゃん、おッ母ちゃん、兄《アン》ちゃんたち、まあ一杯やろうぜ」などと言いながら、仲間に入ってもらうことにしている。

貯金箱

生まれつき、計画性のない私は、およそ貯金とは縁がない。算術も、足し算くらいがやっとで、掛け算、割り算となると「ああもうダメだ」とさじを投げるほどのダメな女だから、仕事でもうけたお金をせっせと銀行へ運んでちゃんとためておく、なんて器用なことがまるでできない。

いつだったか、銀行の人にすすめられて貯金なるものをガン！　とばかりしたことがあった。小切手を書くのがうれしくて、手当たりしだいに買い物をしてはスラスラと小切手を書いて、ペタペタとはんこを押しているうちに不渡りを出した。銀行員があたふたとやってきて、私の顔をじっと見つめてこういった。「あなたの預金はあと六円しか残っていませんヨ」

それ以来、私は小切手とはんこにさよならした。

結婚をしたら、ミスター・夫・ドッコイがお金の勘定を引き受けてくれるようになり、私はその後アカ恥をかかなくてもすむようになったから助かった。

貯金はできなくても、私は人一倍欲張りでお金がほしい。お金がないと、とても心細い。

「もう、なくなっちゃった」「もう、つかっちゃったのか」というのが、夫と妻の対話に重要な位置を占めている。

算術のへたな私は、お札ばかりにあこがれて、小銭の扱い方が不得手だから、机の上の小銭入れには細かいおつりばかりがたまってしまう。夫が見るに見かねて、ときどきお札に取り替えてくれるが、すぐまたそれをくずしておつりをもらってきてしまう。

貯金箱

そういう私に、夫はしんから絶望したらしい。ある日、赤い貯金箱を買ってきて、「小銭はこれに入れなさい。いっぱいになったら洋服が一着くらい買えるヨ」といった。私のたいせつなお金が、私の手もとを離れてこの中へチャリンとはいっちまうのか、と思ったら、急に小銭のほうももったいなくなってきて、ときどき、一円玉か五円玉を義理のようにほうりこんではすましていた。一年たっても洋服一着どころか靴下一足も買えなかった。一円玉と五円玉の行列を足し算している私をジロジロ見ていた夫がいった。

「服がほしけりゃ、百円玉も入れるんだ、百円玉だよ、わかったか！」私はしかたなく、イヤイヤながらうなずいて、それから、ときどきは百円玉も入れるようになった。

でも、私は知っている。はがきを細く裂いて、貯金箱の穴にさし込み、横にしてガラガラやると、ちゃんと百円玉がはがきにのって出てくることを。赤い貯金箱は、百円玉を、ふやしたり、へらしたりしながら、タンスの上から私を見おろしてはニヤニヤしている。

灰皿

私は、一日に五、六十本の煙草をけむりにするから、女としてはヘビースモーカーのうちに入るだろう。煙草というものはふしぎなもので、仕事が忙しければ忙しいほど煙草に火をつける回数が多くなる。つけては消し、消してはつけ、専売公社を儲けさせるために忙しい。

もともと私は、煙草を吸いたいと思ったことはないのだが、終戦直後に主演した『愛よ星と共に』という映画の中に煙草を吸う場面が二、三個所あったので、私は積み重ねた夜具ぶとんによりかかり、涙ぐましくも目をまわしながら煙草を吸う練習をした。おかげでその映画の撮影が終わっても煙草がやめられなくなり、甘いものや間食が嫌いな私にとって、煙草はついになくてはならぬものになってしまった。みかけによらず人みしりをする私には、煙草の煙幕はありがたいものの一つでもある。

酒呑みの俳優は、なぜか酒を呑む演技が下手だというが、煙草を吸わない俳優が煙草を吸う演技をすると、全くギコチなくてサマにならないものである。たとえ煙草が吸えても演技の間にセリフを言いながら上手に煙草を吸うのは大変にむずかしい。外国でも煙草を吸いながら自然な芝居ができれば、俳優として一人前だといわれるほどである。

煙草の吸いかたも千差万別で面白い。プカリプカリのお洒落《しゃれ》型、指先が焦げるまで吸うガッガッ型、つけてはすぐ消す移り気型、吸い口を癇性《かんしょう》に噛むイライラ型、と、煙草の吸いかたひとつにもその人間の性格が現われるもので、こうした観察もまた俳優の勉強のうちである。

わが家のオット・ドッコイ氏は、大病をしたとき、医師に「酒か煙草か、どちらかを止めてください」と迫られて、ウンウンと考えた末に煙草を捨てた。以来、私は、好きな煙草をやめた亭主の回りに灰皿がウロウロしていてはさぞ気分が落ちつかぬだろう、と思って、いかにも灰皿然とした灰皿は家から追放した。したがってわが家の灰皿は、李朝のドンブリあり、タイ国の坊さんが托鉢《たくはつ》に用いる鉄《てっ》鉢《ぱつ》あり、古い線香立てあり、で、なんとも忙しい眺めになったが、来客が煙草の

灰皿

灰をもてあましてウロウロキョロキョロと「灰皿」をさがす目付きを、イジワルバアサンの私は心の中でウシシと笑いながら楽しんでいる。

骨壺

高さ、直径、共に八センチの、カボチャの孫みたいなこの容器は、他人《ひと》が見たら単なる「茶入れ」と思うかもしれない。

実をいえば、この華やかで愛らしい一品は、将来、わが亭主の遺骨を入れるための、つまり「骨壺」である。亭主とつれそって二十年余、毎日の追われるような忙しさのある時、ふっと気がついたら私はすでに五十歳のバアサンになっていた。その私の耳に、ヒタヒタと近づいて来る「死」の足音が聞こえてきた。なんだか知らないけれど、私はあわてた。

私たち夫婦には、幸か不幸か子がいない。どちらが先立つにしても死者をおくるのは生者の役目である。「お前さんには悪いけど、僕の体力はもう少ない。六十五歳でサヨナラするよ」と、口ぐせのように言っている亭主のおちつき先をキチンと決めて安心してもらいたいのが人情である。といっても、私は、暗くつめたい墓地に亭主を埋める気もないし、お墓に水をぶっかけるという趣味もさらさら無い。亭主の骨をそっくり大風呂敷に包んで背負って歩くわけにはゆかないまでも、せめて骨のカケラくらいは獲得して、しかるべき容れ物に納め、常時、自分のそばに置いておきたい、というのが私の願いである。

夫は、それじゃ、日ごろ愛用している李朝の小壺にでも入っちまおうか？　と言ったけれど、李朝の壺はみるからに冷たそうで、低血圧の亭主がさぞ寒かろう、と私は考えた。足りない頭をふりしぼった果てに、私が駆け込み訴えに走ったのは京都、人間国宝の木工の大先生、黒田辰秋先生の工房だった。それから二年の月日が経って出来上がったのが、華やかな色彩と気品あるフォルムの、文字通り珠玉の如きこの一品である。蓋に象嵌《ぞうがん》された一枚の桜の花びらは、「人間、いつかは散る命」の意味である。

「三十年ほども可愛がってくだされば、下地の金が現われて、いい味になるでしょう」という黒田先生の言葉を、私はなんとなくショッパイ顔をして聞いた。そ

骨壺

して、大切に胸に抱えて家に帰り、夫に見せたら、夫もやはりショッパイ顔をしながら喜んでくれた。

以来、この壺は、わが家の寝室の一角に納まって「まだ当分は用がない」といった表情で、夜中に酒をくらってウダウダ言っている私たち夫婦をじっと眺めている。

円筒形の容器

夫婦で、夜の京都の街を歩いていた。とびきりうまい関西料理店のカウンターで、二人だけの「銀婚式記念」のごちそうを堪能してきたばかりだった。ホテルに戻って、ナイトキャップを楽しむツマミにと包んでもらった小鯛寿司の小さな包みが、夫の指先でゆれている。

桜にはまだ早いが、京都の街には観光客のそぞろ歩きがひきもきらず、上ずったような足音と、酔っぱらいの大声が絶えない。京都には、もう観光シーズンなどはないらしい。

私たち二人の足は、河原町四条通りの、古道具屋、というよりガラクタ屋といった風情の店の前に自然に停まった。京都に来れば必ず立ちよる好きな店だ。「こんばんは」と、たてつけの悪いガラス戸を開けると、「おいでやす、お久しぶりどすな」という聞き馴《な》れたおかみさんの声と丸い笑顔が現われた。裸電球のブラ下がった小さな店内は、忘れられたようにひっそりと静かだった。

「記念に、なにか買おうか?」と夫が囁《ささや》いた。「僕たち夫婦は今年で結婚二十五年の銀婚式、二人ともすでに人生の夕暮れの中にいる。いつ幕が下りるかは時間の問題だ。したがって生活のほうも整理整頓の段階に入っている。もう、家の中にモノを増やすことはやめようネ」と、ついこの間言ったばかりなのに……。

「銀婚式だからサ、買えよ」夫の眼が柔らかく私にけしかけている。伊万里のそば猪口《ちょく》、赤絵の油壺、そして、馬の眼の大皿、キツネ口の徳利……。私が手にとったのは、ちょっと持ち重りのする、直径十五センチ、高さ二十センチ足らずの円筒型の容器だった。染めつけで、井げた格子に桜の花の図柄がなんとなくなまめかしい。もとは煙草盆に入っていた「火入れ」だろうが、この店の癇性な主人にきれいに洗いあげられていて新品同様に美しい。これまで、どちらかといえば、桜の花の模様などは敬遠していた、というより関心のなかった私が、今夜はためらいもなくこの火入れを選んだのは、先刻、思わずすごした熱燗のせいだったかもしれない。

　胸に抱えて、新幹線にゆられて、わが家へ持ち帰った火入れは、その華やかな桜の模様のせいか、ひとり若やいで、他《ほか》の仲間としっくりしないようだった。筆筒にはちょっと口が広すぎるし、灰皿にするには深すぎる……そこで、やはり、花入れの役をつとめてもらうことにした。けれど、花模様の花器に花を入れるのはこれも至難のわざである。

　せっかくの銀婚式だというのに、とんだ買物をしちゃったなア、と、私は少しばかり困っている。

円筒形の容器

花　器

私は花が好きだ。いっさいの雑念とは関係なく、時がくればせいいっぱいに美しく咲き、時がくればいさぎよく散ってゆく。私はそういう花がうらやましい。だから一年じゅう、何がなくとも、家じゅうに花だけは絶やしたことがない。けれど、暑気にむし返る夏の間は花の命が短い。一日たてば、首をたれ、花びんの水は泡を浮かべてすぐ腐る。ぐにゃんとしおれた花を見るのは花好きの私にはたまらなく悲しい。

知人から、上等のクリスタルのあしつきくだもの皿をいただいた。私はあしつきの器にくだものや菓子を盛る趣味がない。けれど、せっかくの器をなんとか生かして使う方法はないかと考えた。食べ物を入れようと思うから範囲が狭くなる。だからもっと自由な気持ちになって……と気をとり直したら、ふと、あることを思い出した。

花器

昔、壺井栄さんのお宅に伺ったとき、洗面所に置かれた洗面器の中に、くちなしの花の首だけが二つ、三つ浮かんでいて、蛇口から落ちる水滴が洗面器に美しい波紋を描いていた。くちなしはそのたびにかすかに揺れて、あたりにはくちなしの甘い香りが漂っていた。その、なんともいえぬ奥ゆかしさ、なんという心にくさ。私は、壺井先生のお人柄に改めて目をみはる思いがした。

私は壺井先生のお人柄にあやかろうとばかりに、冷たい水を器に張って、花の首だけを水に浮かべる。ガーベラなら二つ三つ、大輪のダリアならたった一輪だけ。花びんの中で首うなだれた花も、首だけにすれば、花弁は水を吸い上げて、いきいきと美しさを取り戻す。

日本の四季の中で、私がいちばん好きなのは秋。

暑さ寒さの両方に弱い私は、一年の半分ほどを海外逃亡ときめこむが、秋だけは絶対に日本国ですごしたい。読書の秋、食欲の秋、そして女性がもっとも美しく見える秋。そのいずれも私にはメではないが、私には私なりの「秋」の楽しみが一つある。それは花屋に秋草が入荷することだ。

すすき、りんどう、女郎花《おみなえし》、桔梗《ききょう》、刈萱《かるかや》、吾亦紅《われもこう》。どの花も優しく可憐な野の花である。

最近は、八百屋や魚屋、そして花屋にも「季節」がなくなりつつあるけれど、秋草だけは秋を待たなければお目にかかれない。

だいたい秋草は吹けばとぶような雑草のたぐいなのだから、こちらから野原へ出かけていって朝露踏んで摘み取ってこそ楽しいので、秋草のほうから汽車に乗って都会へ出てこい、というのはヘンなのだが、世の中の風情がすべてヘンなのだから、まあ、いたしかたがない。

とにかく花屋へ駆けこんでしこたま秋草を買い狂い、そしてこれも私の大好きな李朝の大壺や大ザルや竹籠などにエッサエッサと盛りこんで、さてどうするかといえばどうするわけでもなく、ただボケーッと眺めるだけである。他人からいわれなくても「バカみたい」なことは十分承知だけれど、私は「今年も秋のセレモニーができた」ことで満悦至極なのだから、これもいたしかたがない。

考えてみると、私は相当な花好きらしく、家中に氾濫する花器の群れがそれを証明しているようだ。でも、花ならなんでもよい、というわけではなく、たとえば赤いカーネーションとかフェニックスなどの強烈さには弱い。

私の仕事は家の中よりも外の場合が多いので、いつもガックリと疲れて帰宅する。せめて家の中では花の色までしっとりと静かであってほしい、という願いがいつの間にか働く。

わが家の花器は秋草や茶花に似合うひなびた風情のものが多い。ふだんは棚の上にひっそりと鎮座しているそれらの花器が、秋草を迎えたとたんに生気を放ち、秋草もまたところを得たとばかりにいっそう美しさを増す。お互いがよりそって、お互いをひき立て合って「調和」が生まれて「美」となる。

年がら年じゅう、目くじらを立ててつっ走り、不協和音をがなり立てている私は、ときどきフッと心の空洞のようなものを感じることがある。なにか物忘れをしているような、もどかしいイヤな感じである。それがなんであるか私にはよくわからないけれど、そんなときに秋草をみると、とげとげしい自分の心が一瞬なごむ。秋草の一つ一つが、あまりにも優しく、哀れなほどにこまやかな花をせいいっぱいに咲かせているからだろうか？　秋草から受ける感動が、年々薄れるどころか深いものになってゆくのは、私もまた雑草人間の一人だからだろうか。

枕と孫の手

「かアちゃん」とは、亡き伊志井寛先生の奥さまであった信子夫人の愛称である。

かアちゃんと知りあいになったのは二十余年も前のことだけれど、それ以来、私は、伊志井先生を、「寛ちゃんおじちゃん」、信子夫人を「かアちゃん」と呼ぶようになった。「寛ちゃんおじちゃん」と呼べば「おウィ」と答え、「かアちゃん」と呼べば「あいヨ」と返事がかえってくる。私にとって、伊志井夫妻はいつでも安心のできる心のよりどころとして大きな大きな存在だった。夫妻の共通点は、慕い寄って来る人々に対しての限りなき包容力の大きさ、というより、ほとんど「無防備」といえる「気のよさ」であった。いったい何十人、何百人の人々が夫妻の人柄を慕って伊志井家を訪ねたことだろう。全く、一年三百六十五日、四六時中、伊志井家の茶の間には入りきれないほどの人たちが、押しあい、へしあいして、明るい笑い声が溢れていたものだった。そして、その笑顔の真ン中に、いい着物を形よく着こなした「かアちゃん」がテレンと座っていた。かアちゃんは、いつも自然そのものだった。相手が誰であろうとお世辞ひとつ言うわけでなく、むしろ言いたい放題のことを言ってもかえって人に面白がられる……やはり、人徳とでもいうのだろうか、ほんとうに「花」のある人だった。

伊志井家の茶の間は、まさに「かアちゃんのサロン」だった。芝居がはね、寛ちゃんおじちゃんが御帰館になると、茶の間の雰囲気はいっそう華やかに盛り上がって、盃をかたむける寛ちゃんおじちゃんのとなりで、飲めないかアちゃんが三味線の爪弾《つまび》きをする。といった楽しい風景もみられたものだった。

前に、いい着物を着た……と書いたけれど、かアちゃんは、私の着物のおっしょさんでもあった。私は商売柄ずいぶんと女の人に会うけれど、かアちゃんほど自分を知りぬいた着物を、それもとびきり趣味のいい着物を着ていた人はない、と思っている。「小憎らしい」という形容がピッタリくるような、ズバぬけたセンスの持ち主だった、とつくづく思う。かアちゃんの衣裳えらびのカンの鋭さ、眼の良さから、私はたくさんのことを教えられ、学んだ。かアちゃんのように何でも着こなす、というわけにはゆかないけれど、ときどき、かアちゃんのタンスから私のタンスへ着物が引っ越してきたり、私の着物が貸し出されていったところをみると、かアちゃんは、少しは、着物のお弟子としての私を認めてくれていたのかもしれない。寛ちゃんおじちゃんが亡くなってほんの少しの月日がすぎたとき、かアちゃんは長患いもせず、まるで気まぐれのように、ひょいと私たちの眼の前から消えてしまった。病名は寛ちゃんおじちゃんと同じ「肝硬変《かんこうへん》」だった。生前、ハンコも通帳も持たずに銀行の窓口へ行き、「お金ちょうだい」と手を出すような人だったから、三途《さんず》の川あたりでさぞウロウロしたのではないか、とおもう。

いま、私の手元に、昼寝用の小さな組立て枕と孫の手がある。ふたつとも、かアちゃんが無造作に「ホラ、これいいだろ、デコに上げるよ」とくれた物だけれど、今ではそれがかアちゃんの形見になってしまった。

このふたつを見ても、かアちゃんの確かな趣味のよさが面目躍如としている、と私はおもう。

枕と孫の手

手のノッカー

手のノッカー

「口八丁、手八丁」

「そろそろ奥の手を出すか」

「お前は足手まといだ」

「やつは手が早くてね」

「ここらで手を引かせてもらいましょう」

「差し手がましいわネ」

「ちょっと、手を貸してヨ」

「なにぶんにも手が足りないんで」

「それ、手ぬかりするな」

「あわれみの手をさしのべ給え」

等々、手を使った形容はたくさんある。考えてみれば、人間の肉体の中でいちばん重要な役目を持っているのは〝手〟ではないだろうか。手は脳の出張所であり、頭がいくらよくても手がなければ何もできない。私たちの住む世界の文明文化のすべては、おびただしい手が寄り集まって作り上げたものである。

何回かの海外旅行で、ヨーロッパにはとくに、手の形をした種々な物があるのを知った。アルルの町の、民家のドアには、玉をおさえた格好の手のノッカーがついていて、その手を打ちおろすと玉がドアに当たってコツンコツンとにぶい音を立てる仕組みになっていて、同じような手のノッカーをつけたドアがズラリと並んでいたのが印象的だった。パリの古道具屋で、夫が手の形をしたカフリンク（鎖で連結したカフスボタン）を見つけ、私はブローチをみつけた。両方とも鋳物の安物だが、しなやかな指には指輪をはめ、レースのカフスが手首を飾っているのが美しかった。紙ばさみにもよく手が使ってあるが、どれも昔風のひだのあるカフスと指輪があり、そして、どれも優しい女性の手であるのは、何かの意味があるのだろうか、私にはわからない。木製の大きな手は、唯一の男性の手で、まっすぐに立てた二本の指は、V、すなわち勝利を表わすという置物で、これはフィリピン製である。

日本には絶対といっていいほど、手の形をした装飾品はなく、昔からある実用品では孫の手という背中をかくためのものくらいである。手、そのものの形があまりにも現実的で生々しく、淡泊な日本人には受けつけないのかもしれない。私のブローチを見た人は、みんな珍しそうにのぞき込み、口をそろえて「気味が悪い」といった。

二、三年前のことだろうか、アルルで見た手のノッカーが忘れられず、パリのノミの市をさがし回って、やっと見つけたときは、飛び上がって喜んだ。東京へ持ち帰ってさっそく玄関のドアに取り付け、手をたたいて喜んだのもつかの間で、次の日の朝にはもう心ない人の手によってもぎとられてなくなっていた。

手は生産以外にも、破壊にも、いや、破壊に使われる度数のほうが多いかもしれない、ということは悲しいことである。まず、こういう手合いには用心するより手はないものかと、手をこまぬいて慨嘆したものである。

中国の椅子

中国の椅子

わが家の家族はたった二人なのに、いすの数だけはやたらと多い。仕事の関係でおおぜいの来客があると、それでも足りずに台所のいすまで動員される、というようなことは、実は〝言い訳〟で、私たち夫婦はどうやら〝いす〟というものが好きで好きでたまらないらしく、気に入ったいすがあると、どうしても家の中へ引っぱり込まないと気がすまないのである。外国で見つけ、むりやり飛行機に乗せて運んできたいすたち。イギリス、アメリカ、ドイツなどから集まった、てんでんばらばらのそれらは、広くもない居間に押しひしめいている。それなのに、またまた最近〝中国産のいす〟が仲間入りをしてしまった。

この中国のいすを見つけた香港の裏町の古道具屋には、高価な白玉をはめ込んだものや、中国らしい彫刻のあるものなど、それぞれにりっぱないすが並んでいた。けれども、私はこのさっぱりとして美しいいすを見たとたん、他のいすのことはすっかり忘れてしまった。要するに一目ぼれをしたのである。一見、武張《ぶば》ったようで、どことなく優しく、優雅なようで、そのくせ毅然《きぜん》としたこのいすは、まるで中国そのもののように茫洋とした風格がある。おしりの乗るスペースは、大の男でも広すぎるほどゆったりとして、背のそりぐあいも申し分ない。それになによりもなめらかでつややかな紫檀《したん》の肌が魅力的だ。みがけばみがくほど深みを増すこのつやは、紫檀ならではの味わいである。

居間にひしめくたくさんのいすたちの、いったいどれに腰を下ろしてよいものか、と一つしかないおしりの持っていき場に迷ってウロウロしている主人が外出した後、身軽になった各国のいすたちは、突然現われた中国加盟に拍手を送り、楽しく国連会議でも開いているのかもしれない。

白いカーペット

最近は、パリ、ローマ、ニューヨークなどのいわゆる先進国よりも、中近東旅行に人気があるらしい。そういう私も、「最も強烈な印象を受けた国は？」と聞かれれば、「アフガニスタンとパキスタン」と答えるだろう。とくに、砂漠の中に置き忘れられたようなアフガニスタンには現在《いま》も中世の街、中世の生活がそのまま残っていて、私たちに向けられる人々の瞳は優しく柔らかく、そして美しい。

アフガニスタンやパキスタンのバザールでいちばん魅力的なのは、なんといっても色とりどりに織りあげられた「カーペット」である。回教徒である彼や彼女にとって、カーペットはコーランの「祈り」を捧げるときに用いる大切な敷きものであり、日本人の生活が畳の上でなされていたように、彼らはカーペットの上で生活する。砂漠や草原に包《パオ》を張り、きびしい冬をすごす遊牧民にとっても、カーペットは、ある時は敷きものに、スキ間風を防ぐカーテン代わりに、掛け布団の代わりに、と、その用途は多く、絶対の生活必需品なのだそうである。

一口にカーペットといっても種類は多く、材質は木綿織、毛織、絹糸と毛糸と半々のもの、絹糸だけのもの、とあり、織りかたも、木綿の縦糸に毛糸の横糸を結びつけてゆく昔ながらの方法、縦糸と横糸を交互に織ってゆく方法、羊の毛を圧縮したフェルト風のものや、パイル、機械織、などとさまざまで、値段ももち

白いカーペット

ろんピンからキリまでだ。アフガニスタンやパキスタンの「カーペット屋」の店先、というより道ばたには、何枚ものカーペットが無造作に広げられていて、その上を人が歩いたり、自転車や自動車が走ったりしているので、私は「カーペットが汚れちゃう」とビックリしたが、新品のカーペットを陽にさらしたり水をぶっかけるのは、早く色をおちつかせるためであり、自動車に轢《ひ》かせるのは、余分の毛を取り去って平らにするため、と知って、やっと安心した。良質のカーペットは五十年も百年ももつそうで、とくにアフガニスタン独特のザクロの汁で染めた真紅は、月日が経つほどに赤が冴えて美しくなるそうである。

私たち夫婦は、アフガニスタン旅行の思い出に小さなカーペットを買おうと、あるカーペット屋へ入った。ターバンを巻いた男たちが、つぎからつぎへとカーペットを広げてみせる。どれもこれも美しく、目移りがして困る。私は迷いに迷った末にやっとわが家に合いそうな白地のカーペットを選んだ。カーペット屋の人の好さそうな主人が、カーペットを裏がえしにしてニコニコしながら何度も掌で叩いてみせた。手織である、という意味だろう。

砂漠で生まれた白いカーペットは、クルクルと巻かれ、ヒモでゆわかれて私たちの手に渡り、飛行機に乗って、はるばると日本へやって来た。いまはわが家の一員になって居間の真ン中に納まっている。

粉ふるい

魚やとりのバター焼き、そしてとりのたつた揚げなどを作るときにはメリケン粉をまぶしますが、粒子がこまかくベトつく粉をまんべんなく同じ厚さにまぶすのはなかなかむずかしいものです。目ザルやふるいを使うのはいいのですが、使用後こまかい目につまった粉を洗いおとすのがまた一苦労で、怠け女房にはあとかたづけのほうが辛《つら》い仕事になります。

アメリカの主婦は、フライドチキンを作るとき、内側に厚いホイルを張った丈夫な袋にとりのブツ切りとメリケン粉を一緒くたに入れてガサガサとゆさぶって、まんべんなく粉をまぶすようですが、日本ではそんな袋は市販されていないし、第一、袋の中へヒラメの切身とメリケン粉を放りこんで振りまわしたらどんな結果になるか。

そこへ現われ出た粉ふるい、小さな荒物屋の片隅でこれを見つけたとき、私は、なんとも日本人らしい知恵である、とブッたまげたものでした。で、とにかくにも買い求めて当分の間は「粉まぶし料理」に専心して悦にいっていたのですが、つい先ごろのアメリカ旅行中、スーパーマーケットでまったく同じ品物を発見したのには二重の驚きでした。いったいどういうことなのか？　これは日本で発明されて海外へ輸出されたものなのか？　それとも、もともと不器用なアメリカ人が発明して、それを日本でコピーしたものなのか……。しかし、よくよく見れば、やはりＵＳＡのパテントナンバーがあって、ダァ、となりました。が、ちょっと違って、アメリカ製のはちょうどキャメラのシャッターの要領で、材質も丈夫なステンレスですが、日本のは粉が出すぎるキライがあるようです。

粉ふるい

ミニフライパン

家族といっても夫婦二人きりというわが家では、自然、台所用品や食器もチマチマと小さい物が集まってくる。

直径九センチのフライパンは、本来は「バターとかし」だが、私は少量の合わせソースを作ったり、目玉焼きを作ってそのまま食卓にのせて楽しんでいる。目玉焼きではマンネリズムという方に「ウッフ・ア・ラ・パリジェンヌ」という簡単な卵料理をご紹介しよう。

このチビ鍋にたっぷりのバターをとかし、トマト半個分のみじん切りを敷き、上に卵を一個割り落として火にかける。トマトが煮え、卵が半熟になったら、すぐ塩、胡椒とティースプーンをそえて食卓にのせる。トマトの酸味がオツで、私の好きな一品である。

鼻毛切りはさみ

人間が生活していくためには、ずいぶんたくさんの生活必需品がいるものだけれど、毎日かならず使う品物、使わなくてはならないものは？　と考えてみたら、私の場合はどういうわけか「ハサミ」であった。そこで家中のハサミを数えあげてみたら、たちまち十指に余ったので、こりゃ多すぎるのではないかしら、と思ったが、やはり、それぞれの用途にかなったハサミばかりなので、どれにもヒマを出すわけにはいかない。

その中で、私がいちばん便利重宝しているハサミは？　というと、なんと「男性用ハナ毛切りハサミ」だったのでちょっとコッケイになった。といっても私が毎日自分のハナ毛をせっせと切っているわけではけっ、し、て、ない。

手のヒラにはいるような日本バサミも使いよいけれど、安全性ではハナ毛用にはかなわないようである。ことに、小さな子供さんのいる家庭にはぜひおすすめ

ミニフライパン

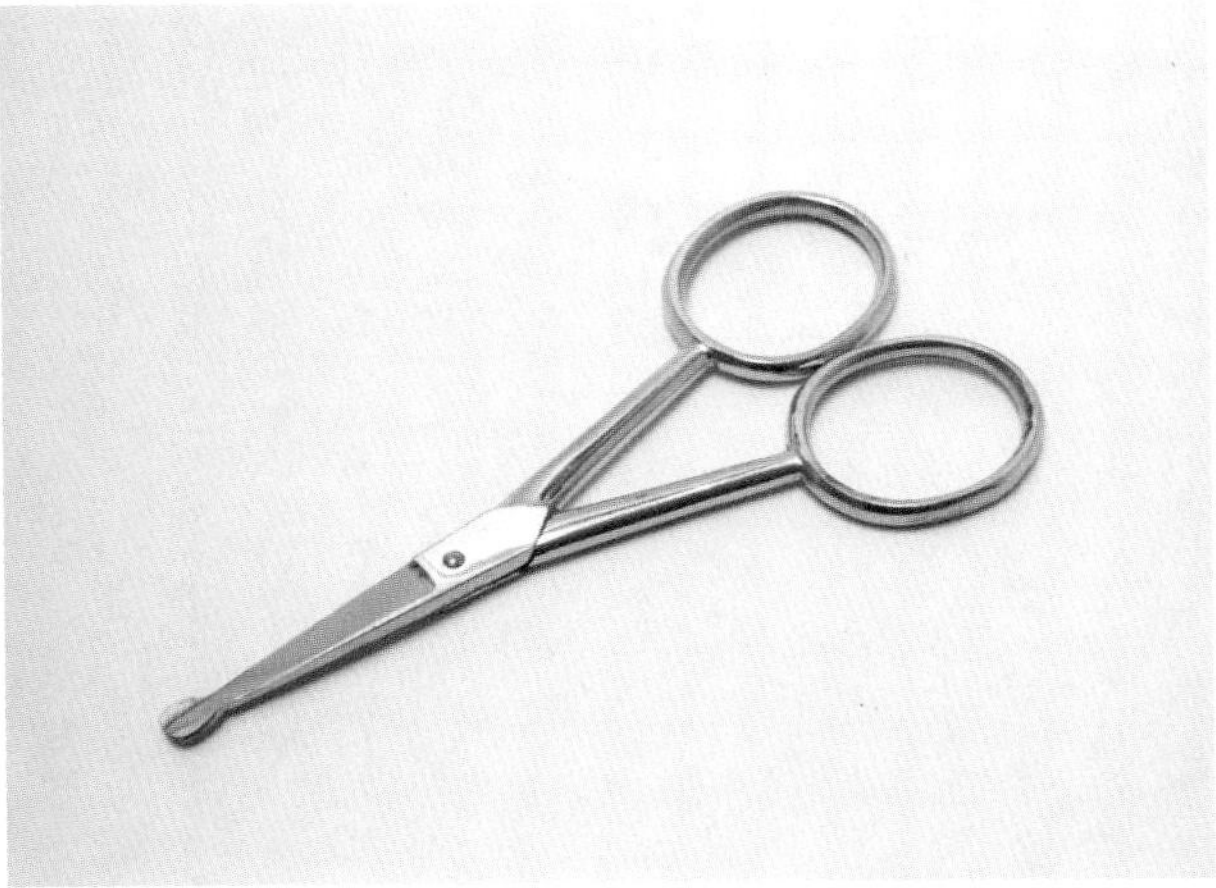

鼻毛切りはさみ

したいと思う。

私の愛する「ハナ毛切りハサミ」は十一センチほどで、リボンやヒモを切ったり、草花の葉をつまんだり、と、もう十年以上もコキ使っているけれどビクともせず、コマゴマとした用事の役に立ってくれている。私は元来ヘソ曲がりで「決まった用途以外の使いみち」を考えるのが楽しみだが、ハナ毛切りハサミはその中のケッサクだと得意になっている。

ケーキサーバー

私は子供のころからヘソ曲がりだったのか、菓子類にはトンと関心がない。女のくせに（？）甘いものが苦手というとだれもが「ヘエ！」とふしぎそうな顔をするけど、私のほうでも、おやつだ、デザートだ、と、センベイばりばり、ケーキむしゃむしゃと口を動かしている女を見ると「ヘエ！」と思う。

けれど、自分の好ききらいは別として、お客様用には、あっちの和菓子屋、こっちの洋菓子屋を駆けまわって、おいしそうなお菓子を買うことはしょっちゅうある。そして、大きなケーキを、ナイフとサーバーをあやつって、いかにきれいに切るかでいつも苦労している。

私のサーバーは、半分、つまり片側に細かく鋭いギザギザがついていてナイフの役もしてくれるので一挙両得、手軽に台所で使うのに便利をしている。主婦のアンチョコ的存在とでもいうのだろうか？　買ったのは、アメリカだが、英国製である。デザートに、パイやスポンジケーキ、チーズケーキなどを欠かせない国民の考えた、利口な台所用品だと、私は使うたびに感心している。

泡立て器

台所用品というものは、料理を作るための必需品だから、観賞にたえる料理器具などあるはずがないけれど、でも、やっぱり、「女の城」というべき台所にあるものは、見て愛らしく楽しいほうがなんとなく気分がいい。

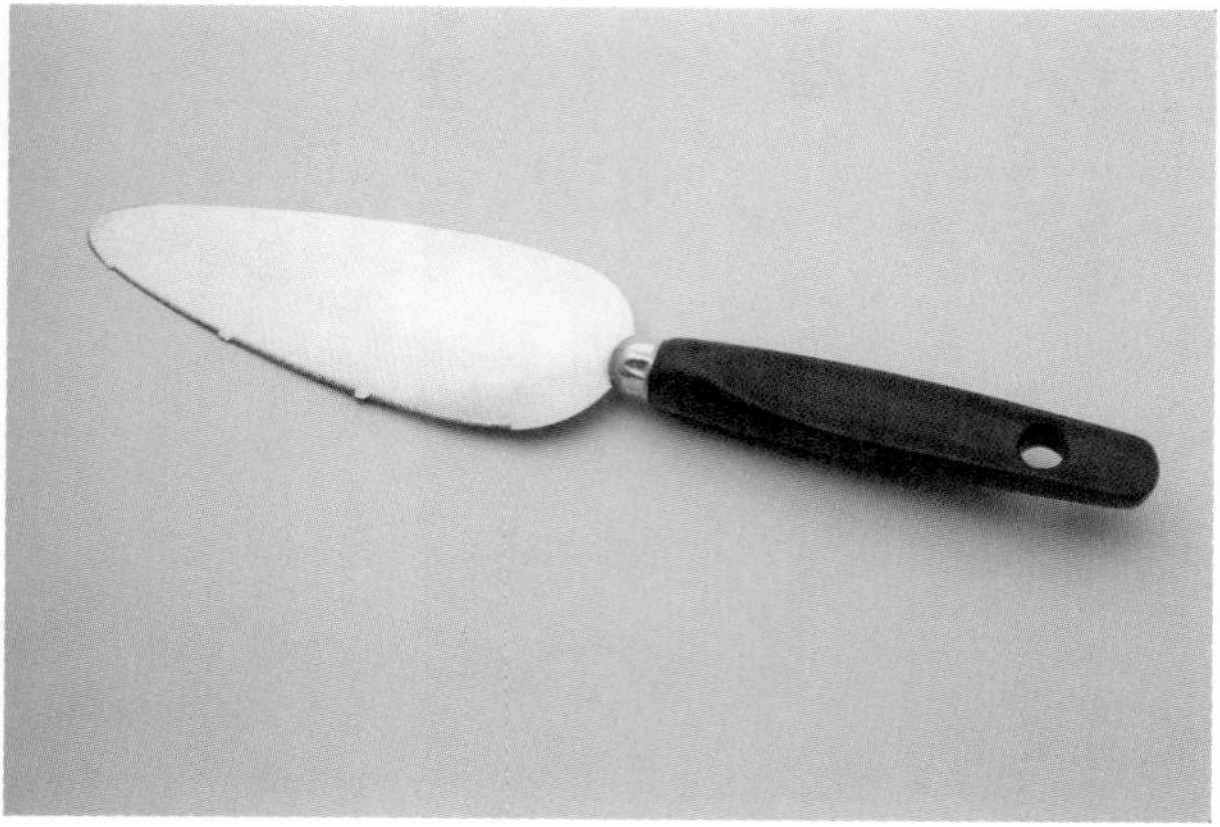

ケーキサーバー

泡立て器

泡立て器というものは、針金が縦に曲がった昔からのものと、手まわし式のいかめしいものと二通りあるが、どちらもあまりカッコはよくない。ステンレスの線が横にラセン状になったアメリカ製の泡立て器。ホイップクリームを作ったり、卵をかきまぜたりするほかに、私は、ゴテンと固まった缶詰のスープをなめらかにまぜるのに重宝している。

ややヘソ曲がりなデザインで、そのくせ愛嬌のある形なので、私はこれを使っているとなんだかままごとでもしているようで楽しい。

フライがえし

「フライがえし」というものは、その名のごとく、料理をヒックリかえすときに用いるが、私がダメ料理人のせいか、パタンとかえしたときに材料がフライパンの真ン中にちゃんと納まってくれたことがない。それどころか、大切なハンバーグステーキが割れてしまったり、二つに折れてしまったりで、いつもアタマにく

フライがえし

る。

なにかよき「フライがえし」はないものか？　とウロキョロしていたら、便利なものが見つかった。同じものが二枚重なり、材料をはさむようになっているから、材料がくずれる心配もないし、柄《え》のそりぐあいも申し分ない。洗うときには柄の元がバネになっていて二枚に外《はず》れるし、一枚ずつの使用も可能、二枚そろえてサラダサーバーにもイケる。さすがは洋食（？）の国、西ドイツの製品だと感服した。

こし網つきじょうご

フライやテンプラを揚げるたびに、つくづく面倒なのは、油をさましてこすという後始末だろう。

私はズルイから揚げるときだけは手伝うが後始末はお手伝いさんまかせで、横目でチラチラ見ているだけである。そして、空缶にガーゼなどかぶせてソロソロと油をこしている彼女を見るたびに、「なにかいいものみつからないか」と気になって、雑貨屋やデパートの台所用品売場をウロウロしたものだった。だから、このこし器をみつけたときは文字どおり飛び上がって喜んだ。

材質はしっかりしたプラスチックと、ステンレスの網。メイド・イン・USAである。どうしてこんな便利なものがアメリカにはあるのに日本にはないのだろう、とふしぎで、「アメリカ人は手先が不器用だからこそ、苦しまぎれにイロイロと考えつくのかもネ」などとひがんでみたけれど、いいものはいいのだからしかたがない。

漏斗《じょうご》は大小二個が入れ子になっていてこし網と三点セットである。

スパゲティはさみ

大鍋にたっぷりの湯を煮立て、塩を一つかみ放り入れる。そこへサラサラとスパゲティを落として約十五分。ゆであがったら水を切り、サラダオイルかバター

こし網つきじょうご

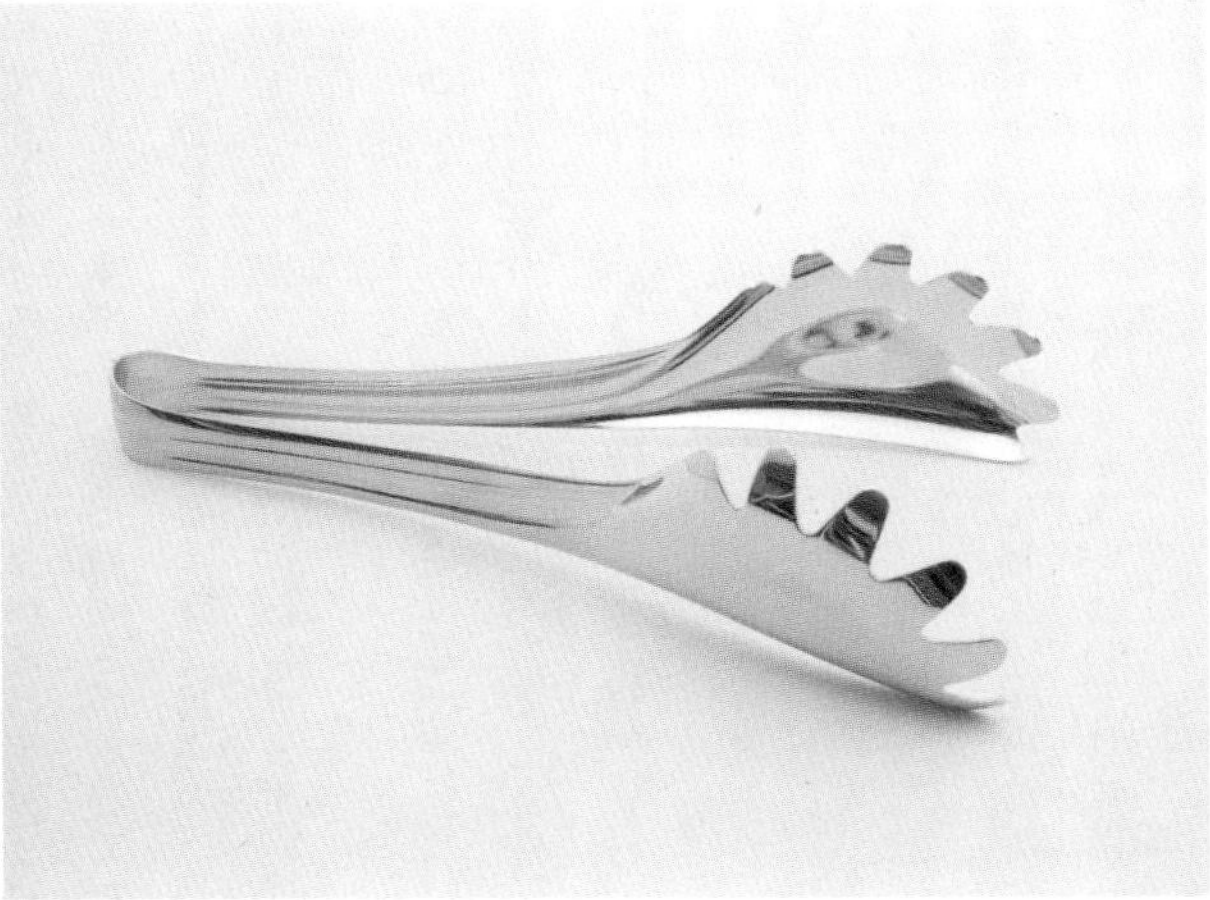

スパゲティはさみ

を入れて手早くかきまぜてできあがり。スパゲティはゆですぎず、テーブルの上へ落としてピョンとハネあがるほどの固さが本筋でおいしい。

スパゲティを皿に取り分けるスパゲティはさみ、形は実用一点ばりでいささか味気ないけれど、さすがスパゲティの国「メイド・イン・イタリア」とあってとてもつかみやすい。

私はケチだから、たった一つの用途にしか使えないものは買わない主義。このスパゲティはさみはサラダサーバーにもなるし、ゆでた野菜などを鍋から取り出すにも便利、ツルツルすべる熱いじゃがいもや、トーストをはさむのにもいい。

おろし器

何を演じても下手クソでヒットをしない（当たらない）俳優を「大根役者」とよぶ。野菜の大根は食あたりをしないという意味から、二つにかけてできた言葉らしい。

大根人間は困りものだが、野菜の大根は大変おいしく便利で、私は大根の大ファンである。なかでも大根が大根の本領を百パーセント発揮するのは、生のまま食膳にのせる「大根おろし」だと私は思う。大根おろしにイクラをのせる。しらすを散らす。タラコをまぶす。おかかをかける……。ただし大根は、食べる間際におろさないと味が飛ぶし、おろすときもサッサッと手早くおろしたほうがおいしい。

私がいちばん愛用している「おろし器」は、丸く愛らしい形のものである。大根を大量におろすのは意外と手が疲れるものだけれど、大根を握った手を丸く円を描くように動かす作業はさほど疲れず、はかがいく。目立てのあるフタを取りはずせば、取っ手のついたフライパンのような受け皿は、チーズやおつまみなどのちょっとした前菜入れにもなる。

一年を通して食膳に現われる大根おろしを舌にのせ、甘いといっては喜び、辛いといっては喜び、大根が運んでくれる微妙な季節の移り変わりを感じるのは楽しいものである。

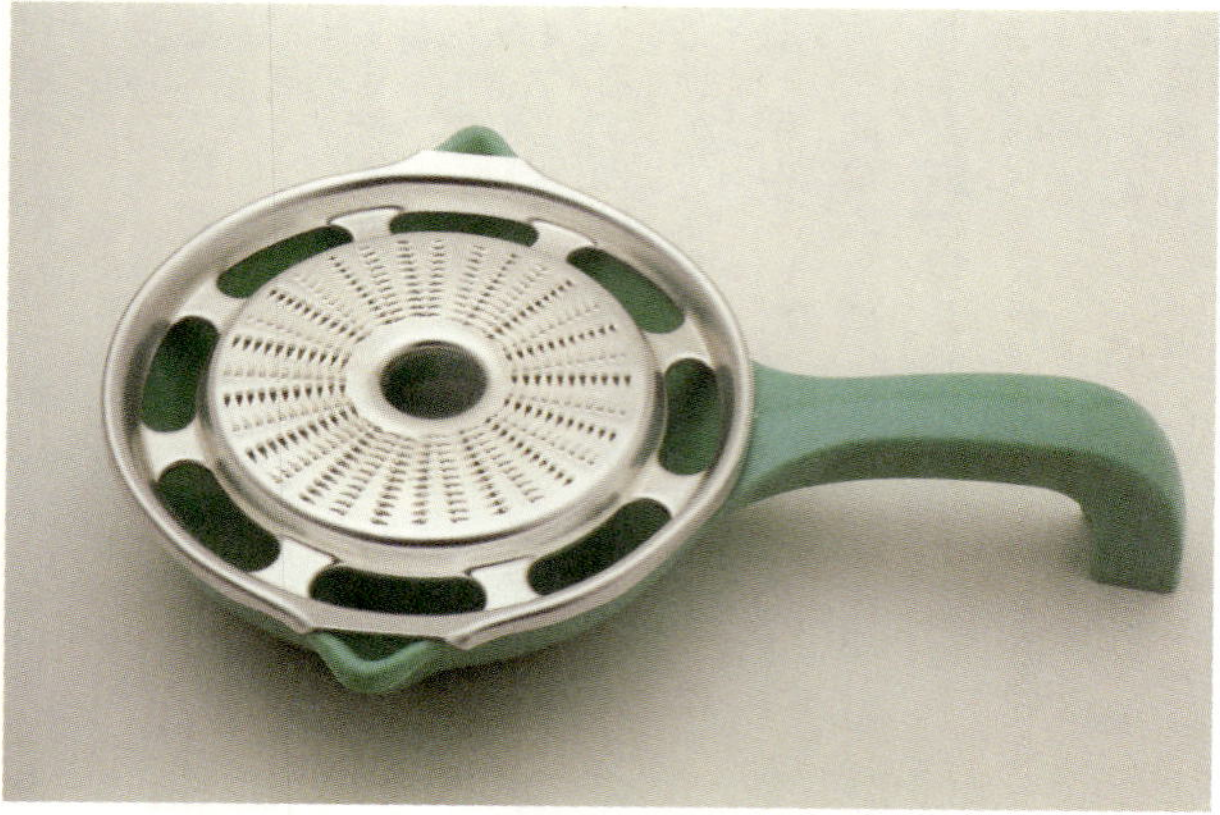

おろし器

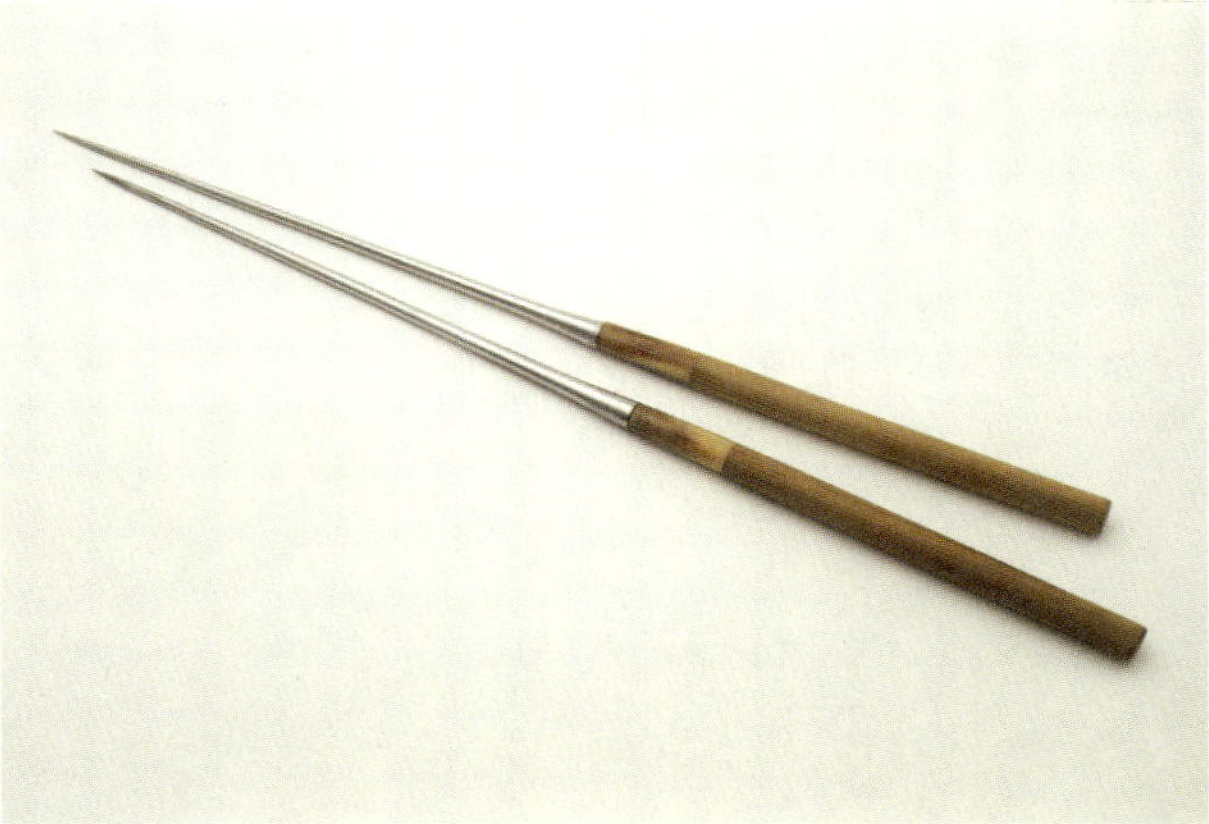

菜箸

菜箸

菜箸《さいばし》というものは、昔から「竹製」に決まっているらしい。もちろん丈夫で洗いやすく、長さもいろいろ、と工夫されていて便利だけれど、私が気に入っているのは、ステンレスの菜箸。菜箸というよりは「盛りつけ箸」といったほうがいいかもしれない。くわしくいえば、料亭の板前さんが使っている営業用の上等品である。持つところはなめらかな木、先がステンレスで錐《きり》のように細いから、白あえやぬたなどの盛りつけをするのに材料が箸につかず、経済的であり、ぬれふきんを横に置いて、チョチョッと拭《ぬぐ》えばすぐに次の盛りつけができる。

私は、出しやすい所へ置いて、大根やお芋の煮えぐあいを突きさしてみたり、箸以外の用途でも大いに重宝している。

水時計

水時計というものは、名前からしてロマンチックだし、台所のアクセサリーとしても私の好きなものの一つである。

わが家では三分卵を作るときに砂時計を使っていたけれど、タイマーと違ってピンともチンともいわないから、うっかりほかの用事をしているうちに卵がゴチゴチのゆで卵になったりする。だいいち、じっと眼をすえて砂の落ちるのを見張っているのはたとえ三分間といっても相当にじれったいもので、「なんとかならないかなァ」とあちこち物色していたら、水時計の新顔に出くわした。水のほうを上にすると、白い玉がゆっくりと上りはじめてすっかり上るとちょうど三分という寸法になる。

台所ばかりでなく、電話機のそばに置いて、長話、無駄話の防止なんかにも役に立つのではないかしら？

水時計

小さな片口

小さな片口

私は、いわゆる「民芸風陶器」を食卓にのせるのが好きになれない。理由は、あのボッテリとした手ざわりと見た目の重苦しさにあるらしい。けれど、民芸風陶器の中には、ときおりハッとするほど形の面白いもの、色合いのよいものを見かけることもある。たとえば、両片口（?）の食器がその一つ。色は俗に「ナマコ」と呼ばれる黒と青のうわぐすりのまざった、益子《まし こ》焼か信楽《しがらき》だが、高さ四センチのちびすけに、つまんだようにとんがった口がついているところがなんとも愛らしく、そして使いやすい。

本来はどう使用するのか知らないけれど、私はオイル焼き用のサラダ油や合わせ酢、ソースなどを入れたり、おでん用のときからしを入れて小さなヘラをそえたりして愛用している。

携帯用歯ブラシ

仕事の関係で一年中旅行が多い。それも一泊、二泊、あるいは二週間、二ヵ月とまちまちだから、スーツケースも大中小と取りそろえているうちに物置にはいりきらぬほどの数になってしまった。

スーツケースという入れ物の中の、化粧品入れの中には、化粧水の入れ物、クリームの入れ物、下着を入れる入れ物に、洗濯物を入れる入れ物に、靴の入れ物、それから、それから、と、まるで入れ物をかついで旅行するようなものである。だから旅行用品はつねに軽くてスペースをとらないものばかりを物色するようになった。

洗面道具入れの中で、歯ブラシケースという入れ物は意外とつっぱらかって場所をとる。かといってムキダシでは不潔である。なんとかならないものかと何年間も、のみとりまなこで探していたら、ブラシの部分だけがケースで包まれた歯

携帯用歯ブラシ

ハンドバッグの中仕切り

ブラシが見つかった。これなら場所をとらず清潔でじつに合理的なデザインである。小さなケースに歯ブラシを入れてパチンとふたをする音がなんとなく愛らしくて気に入っている。

ハンドバッグの中仕切り

最寄りの小ダンスや鏡台の引き出しをかきまわしてみたら、こんなものが出てきた。戦前から粋《いき》すじの袋物屋で売っていた「ハンドバッグの中仕切り」である。一見、ジジむさい、いや、ババむさい感じだけれど、使ってみると止められなくなるほど便利重宝である。最近のハンドバッグはだんだん大型になってきたので、小物をあらかじめこの中へ納めておき、テレビのコマーシャルの「マガジン、ポン！」の要領で、間仕切りごとポン！　とハンドバッグに放りこめばよろしい。ちょっとした贈りものにも喜ばれる。

ナイロンのシャリッとしたチュールでできている。

物干しバサミ

私の愛用する、というより、一日なくても困っちゃう、という代物は、なんと「物干しばさみ」である。このものは、昔ながらの形とはちょっと違いのある「ヒッカケつき」。物干しばさみはご承知のごとく、細ビキという相方《あいかた》がなくては役に立たないが「ヒッカケつき」はその点、相手が細ビキでも棒でも釘でもＯＫである。

先に、一日なくても困る、と書いたのは、私は毎日、自分の下着だけは必ず自分の手で洗濯する習慣なので、夫婦共通のバスルームに細ビキを張りめぐらすわけにもいかず、自然にこの物干しバサミのファンになったという次第である。

以前にはアメリカ製だったけれど、最近は香港製のが現われた。

物干しバサミ

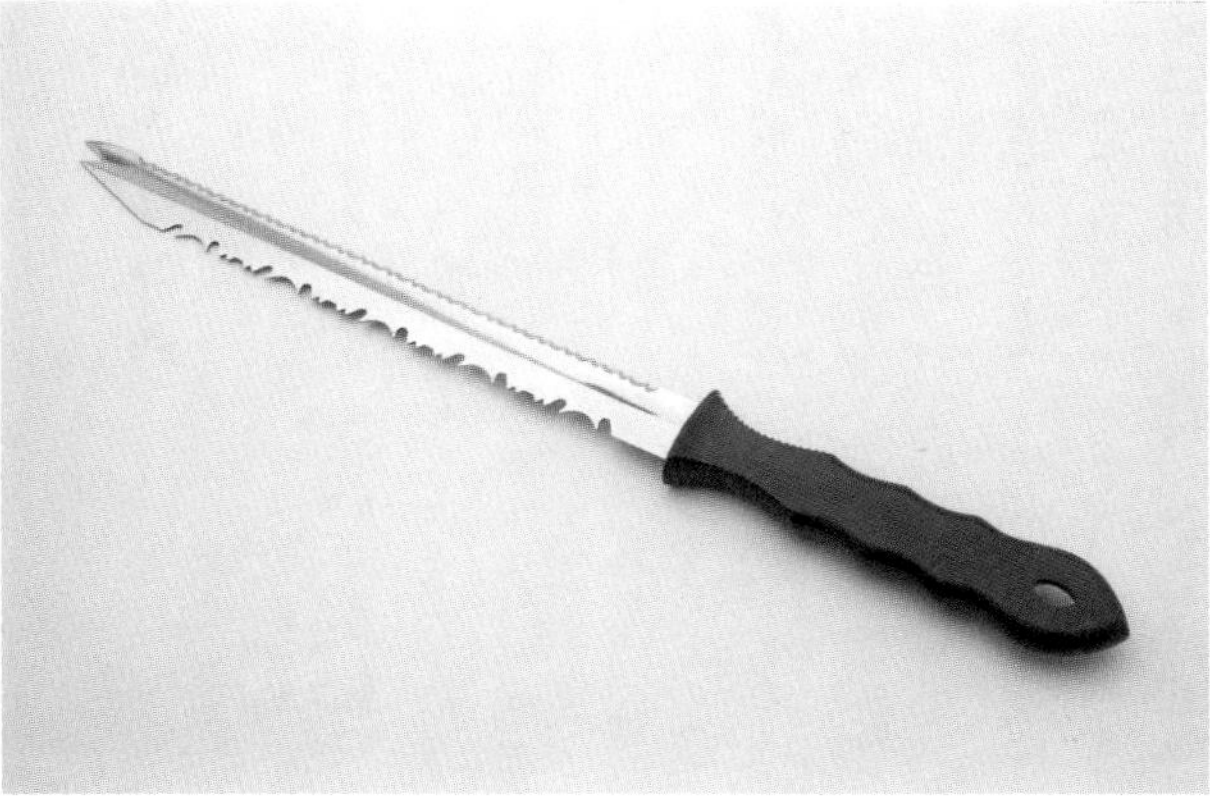

鋸みたいなナイフ

鋸みたいなナイフ

包丁というより、ノコギリに近いドイツ製のナイフを手に入れたのはいまから十年ほど前、アメリカへ旅行したときでした。このナイフを私にくれた私の友人のアメリカ人は、まるで自分の手作りでもあるように、「切れる、切れる、なんでも切れる。あなた便利する」

と、自慢タラタラで、このナイフを自分の掌にうちつけて、ピタピタと音をたてました。初めのうち、私はこのギザギザのあるモノスゴイ形のナイフに、あまり愛着を感じませんでしたが、ある日、固いバゲット（フランスパン）をゴリリ、ゴリリと切っているとき、包丁の刃がボロボロと欠けたのにビックリ仰天しました。そしてふっと思い出してもち出したのがこのナイフでした。そして、このナイフが、いとも無造作に、サラリサラリとバゲットを切ってくれたとき、私は初めてこのナイフを信用しました。たとえば石のごとく固い冷凍のマグロでも、ギトギトの油っこいベーコンの固まりでも、紙のように薄くスイスイ、スラスラ。お代は見てのお帰り。自分ひとりのお宝にしておくのは残念だと思っていたら、最近、日本にも輸入されて、台所用品売場に並ぶようになったので一安心。

骨抜き

ここにまかり出でたるものは、長さ十一センチ、幅一センチ半ほどの、みるからに丈夫そうな、ステンレス製の毛抜きの親方のようなものです。

もちろん、しらがやハナ毛を抜くには大きすぎてどうにもなりませんが、じつはこのもの「魚の骨抜き」で、わが家の台所ではわりかし用途も多く、貫禄もある一員です。

わが家にはしばしば大魚、小魚が丸のまま到来するので、三枚におろした身のほうに骨が残ったときなど、この道具でピッピッと骨をとりのぞくわけです。鳥の毛羽、豚の毛なども、これ一つあれば掃除は簡単です。お子さんのおかずの焼

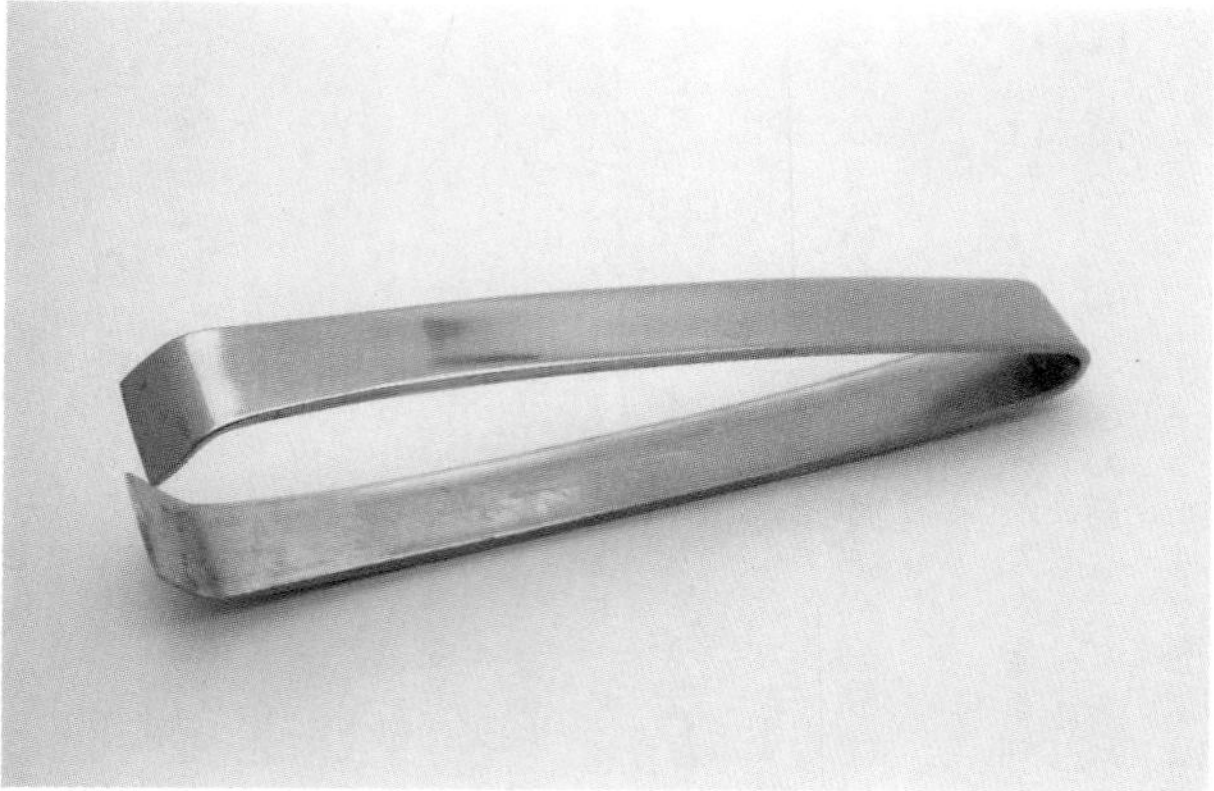

骨抜き

スライドメモ

魚や煮魚などの骨を、指を汚さずに抜いてあげるのにも、便利で衛生的だと思うのですが、いかがでしょう?

スライドメモ

おトシのせいか、なんでもメモをとるのが癖になった。

メモ用紙は、用が終わると同時に不要になる。不要になったメモ用紙は掌の中でクシャクシャと丸めてポイと捨てる。かみくずかごの中はいつもメモ用紙でいっぱいになる。

戦中派の私は「もったいながり」でダイレクトメールの封筒や書きそこないの原稿用紙の余白をハサミで切ってメモ代わりにしているけれど、それでも足りないから文房具店でメモ用紙を買わなければならない。「こりゃ、国家の不経済ではないか」そう考えながらデパートの文房具売場をウロついていた私の足がふと止まった。「ああ、なつかしい」という気持ちのあとから「ああ、これ、これ!」

という嬉しさがこみあげた。小学生のころ、せっせといたずら書きをしては消して遊んだ玩具に再会したのである。裏には、「スライドメモ」とあった。昔はそんなしゃれた名前ではなかったはずだが……まあ、そんなことはどうでもよい。以来、このものは、私にとって、なくてはならないメモ代わりとして活躍を続けている。

このごろのかみくずかごの中は、いつもスッキリとしている。

ミルクスツール

ちょっと高い棚や、袋戸棚の中の物を取るために、日本風の踏み台というものがある。段々のついた、洋式のキャタツと呼ばれるものもある。便利は便利だが、両方とも実用一点ばりで、見て美しいモノではないから、そこらにムキ出しにしておくわけにはいかない。このミルクスツールという名の椅子は、いずれ外国生まれだろうが、乳牛のお腹のわきに置いて、ちょいとお尻をのせ、乳をしぼるた

ミルクスツール

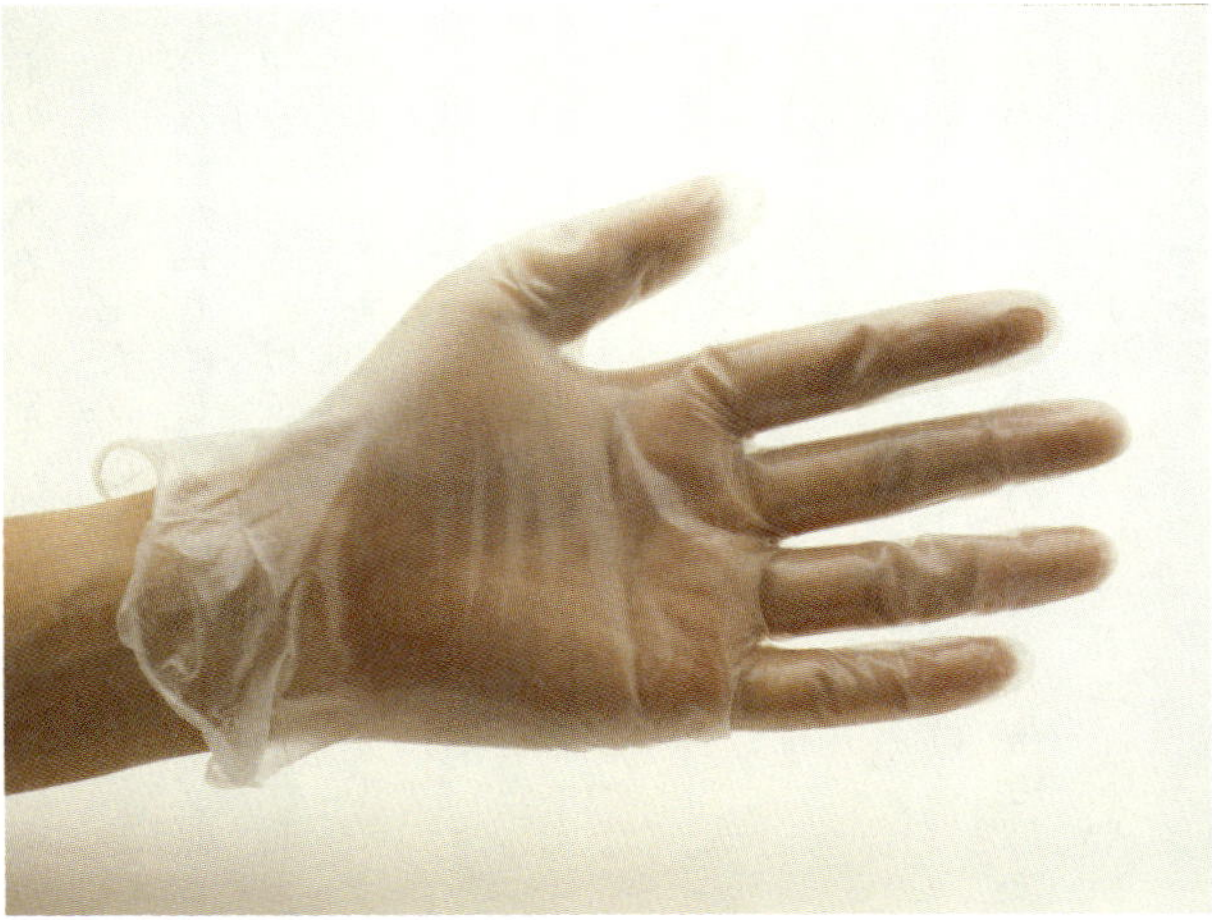

ビニールの手袋

めに使われたものである。いや、現在でも使われている。高さ三十センチほど、直径二十センチほどのチビだが、ひどく頑丈にできていて形も愛らしいので、私はこの椅子を踏み台がわりにして愛用している。取っ手がついていて持ち運びも便利なので、足をのせるだけではなく、灰皿や花瓶を置いて部屋に飾っても、立派にインテリアの一部になる。そのほか、幼児の椅子にしたり、自分が腰かけて一休みしたり、となかなか用途が広い。色があきたら、カラースプレー一瓶でどうにでも替えられる。

ビニールの手袋

私はあわてものなので、よく手や指を傷つける。このあいだもキュウリを刻んだついでに、左の人さし指の関節の皮膚をソイでしまった。水を使う台所仕事に手指の怪我は致命傷、というより、バンドエイドや薬をつけた手でする料理はなんとなく冴えないものである。

そんなことでキョロキョロしていてついに見つけたのが、この使い捨ての薄いビニールの手袋。これにスッポリと手を入れて、輪ゴムで手首をしめれば、火傷も怪我も水にぬれず安心して仕事ができて、手の荒れも防げる。趣味が植木作りの隣家のご主人に進呈したら「爪の中に肥料や泥が入らなくて」と大喜びされた。薬品を使って髪を染めたり、病人のおしめの始末にも具合がいいそうだ。

「そんな便利なもの、どこで売ってるの？」と、聞かれると弱い。この手袋は「香港製」、アメリカで買ったもので、残念ながらまだ日本国には上陸していないらしい、と思ったら、さすがに日本国、ちゃんと売ってました。売場は、日本では園芸用品売場。アメリカでは薬品売場。どうしてかしらって？　さあ、それは私にもわかりません。

ねじり紐

小銭入れの中に、百円玉が二枚あった。昨今の二百円はコーヒー一杯の値打ちもなく、百六十円でバスの切符が買えるけれど、バスに乗って、さてどこへ行くという当てもない。二百円で買える「なにかいいもの」ないかしら？　と、スーパーストアの中をウロついていたら、ふっとこんな物を見つけた。称して「ビニタイ」。長さ十二センチ、百本入り、とある。鋼線をシンにしたビニールが、七色のきれいな色でひしめき合っていて、なんとなく可愛らしい。袋の口をしばったり、電気のコードをまとめたり、園芸用にも重宝されている、つまりビニールのヒモである。アメリカでは箱入りのビニール袋を買うと、袋の数だけこのヒモがはいっている。

このヒモを、アメリカでは「ツイストタイ」つまり「ねじりヒモ」と呼んでいるけれど、日本ではなぜか「ビニタイ」ということになるらしい。日本の商品名にはときどき理解に苦しむヘンなのがあるけれど、この「ビニタイ」にしても、その意味はビニールのヒモというつもりらしいが、世の中にはビニールはあっても「ビニ」というものは存在しない。どうせのことなら「ビニールタイ」と呼んだほうがわかりやすくていいのにネ。

ねじり紐

漆器

真夏の暑さを過ぎると、冷たい食べものや飲みものには魅力を感じなくなる。アイスクリームよりは、熱い番茶が恋しくなり、冷やヤッコよりは湯豆腐がなつかしくなる。

このごろの食料品にはほとんど季節感がなくなった。スーパーマーケットには一年中、例によって例のごとしといった品物が並んでいる。これが「近代」というものならばいたしかたなく、大根一本にしても料理のしかたプラス器にたよって季節を盛るよりテがない。私は料理を食べるのは好きだが、料理を作るのは下手だから、同じ大根オロシでも夏はすき通るガラスの鉢に盛ったり、秋には根来《ねごろ》の小皿に盛ったりして目先をゴマカしている。

根来といえば、わが家の食器棚には漆器が多い。私は染めつけの食器が好きなので、どうしても食卓の色どりがさびしくなる。その雰囲気を和らげるのが木製品、つまり漆器の役目だと思う。たとえば木製の椀は熱を通さず、割れもせず、手ざわりもよく、いいとこだらけなので、お正月の雑煮椀などは一年中出しっ放しにしておいて、野菜の煮つけを盛ったり、スキヤキの取り皿に使ったり、と愛用している。春慶の丸盆には揚げものが似合うし、徳利のハカマには珍味を入れ、会津塗りの菓子鉢にはグリーンサラダを、というように漆器の用途はじつに広い。私の好みからいうと、陶器も漆器も昔の古いものに魅力があるが、ことに漆器は古いほど色も艶も落ち着いているし、肌も枯れ切っていて使いやすく思う。

新しい漆器は漆《うるし》の匂いが強くてとても使用できないが、お米ビツの中に入れておくとふしぎに匂いがとれるようである。

ワイングラス

デパートや専門店で「ワイングラス」がたいへん売れるそうで、「数年前まではワイングラスなんてまったく人気がなかったモノですがねえ」と店員がビック

漆器

ワイングラス

リした顔をしていた。

ということは、日本人がそれだけブドー酒にくわしくなったことなのか、それとも私たち日本人の食生活がいよいよ西欧化されてきて、ブドー酒つきの食事をカッコよく楽しむようになったということなのか、いずれにしてもゼイタクになったことだ、とつくづく思う。なぜなら、日本製のブドー酒は量も種類も少ないし、輸入ものはなかなかに高価である。フランスのように酒屋のはかり売りでビール瓶一本分が二百円、三百円などというブドー酒はないし、第一クッキングワイン（アメリカで一本二百円ほど）もロクに売っていない。一個何千円もする上等なワイングラスで、人々はいったいどんなブドー酒を飲んでいるのかしら、とうらやましいと同時にふしぎに思う。

日本でブドー酒というとなんとなく立派なワイングラスと高級フランス料理、というイメージがある。したがってブドー酒はオツにスマした高級酒という先入観念がある。そうしたところから出発して、いまようやく日本人大衆のお酒としてブドー酒が普及してきたとすれば、まったく話はサカサマでこっけいな気がする。

のべ十年ほどをフランスで過ごした画家の梅原龍三郎先生のお話によると、「ブドー酒は、雨が少なくて暑い年のものがすこぶる美味なようだ」とか、「いくら高価でも古いばかりが能でなく、ある年月を越えるとブドー酒は屁《へ》になっちゃう」とか、「同じブドー酒でもレストランによって値段が違うし、ワインリストも違う」などと、ブドー酒についての知識もしょせんこちとらペエペエとは次元がちがう。ワイングラスにしても、「ボージョレーはスンナリとなで肩のグラスを用い、ブルゴーニュの場合は浅くて丸い型のグラスで」なのだそうで、バカの一つおぼえみたいに「肉には赤を、魚には白を」などとホザいている自分がまったく恥ずかしくなってくる。

私もワイングラスを幾つか持っているけれど、六個そろいのチェコのよそゆきは、戦争直後に買ったものである。ゾウスイやウドンが大ごちそうの当時のことだから、もちろんブドー酒なんていう高級酒は夢のような話で、もっぱらグラスそのものの美しさにひかれて買ってしまい、ぼんやりと眺めるばかりの観賞用であった。

昭和二十六年に半年ほどパリにいたとき、すっかりブドー酒のファンになってしまった。

梅原先生とはちがうから、私の飲むのはいつも二流、三流のレストランの、デキャンターにはいったはかり売りのブドー酒だったけれど、食事のたびにガブ飲みするには格好にサラリとしていて、「フランス人は水の代わりにブドー酒を飲む」とは、話に聞いてはいたがこのことか、と納得がいった。

フランスから帰って、東京の骨董屋でみつけた十九世紀のアメリカのワイングラスは、濃いグリーンの厚手のガラスにブドーの模様が浮き出して、美しいけれど色が濃すぎるためかかんじんのブドー酒がおいしくないのでいつの間にか一輪ざしになってしまった。

ごく薄手の中型グラスは来客用で、首が長くアッサリとしたのはブドー酒好きの夫の専用で、どこかで半端ものを一個買ってきたクリスタルである。私は貧乏性なのか、首の長い、いわゆる上等のワイングラスはどうも不安定で落ち着かないので、家では、オンザロック用のドテンとしたコップにキャンティやオリヴィエットなどをなみなみと注ぐ居酒屋スタイルが気に入っている。

ガーゼのバスタオル

ガーゼのバスタオル

「病人のお見舞いには、何をあげたらいいかしら?」と、さんざん考えたあげく、結局は花や果物に落ち着いてしまった、という経験を、女ならだれしも持っていると思う。

なるほど、花は病室をはなやかにし、患者の眼を慰め、果物もきれいごとで滋養になる。そういう意味では無難なお見舞いであることは間違いない。

しかし、私の経験によると、夫の入院中に到来したメロン三十六個と、病室からはみ出して廊下にあふれた花籠の整理に、つきそいの私のほうがヘトヘトに疲れた思い出がある。そのときいただいた品物でいちばんうれしく重宝したのは、なんと二合炊きのオモチャのような電気釜だった。それ以来、私は病人のお見舞いには「花より団子」主義になった。よほど親しい仲ならズバリ「何か必要な物は?」と聞くことにしているが、花と果物は一度も所望されたことがない。私自身が病人の立場になってみて、さぞ便利だろうな、と思う品物の一つがこれ。

バスタオル大のガーゼがあわせになっているもので、別にどうということもないけれど、軽く、柔らかく、乾きやすい、という点で何に使ってもぐあいがよいと思う。病人ばかりでなく、出産のお祝いにもシャレているのではないかしら？

モーニングカップ

結婚式というものは、いつよばれても気分のいいものだが、さて「何をお祝いにあげようかしら」となると、なかなかむずかしい。だれでも一度や二度は経験のある、頭の痛い問題である。やたらとこちらの趣味を押しつけるのもやぼだし、といって消耗品では気がきかない、などと考え出すときりがない。近ごろは、あらかじめ先方の希望の品を何点かきいておいて、何人かでお金を出し合い、冷蔵庫とか、食堂のセットとか、まとまった品物を贈る習慣ができたのは、合理的で結構なことだ。

私の場合は、結婚祝いには、たいてい目ざまし時計、あるいはご夫婦のイニシアルを入れたモーニングカップに決めている。日本では「夫婦《めおと》何々」といった品物がじつに多い。たとえば、夫婦湯のみ、夫婦茶碗、夫婦箸、夫婦座ぶとん、といろいろある。そして、必ずそれらの品物は、夫用は大ぶりにたっぷりと、妻用は小さめにやさしくできているのがふしぎな気がするが、この習慣は全く日本独特のことであって、外国ではこうした区別は絶対にない。

私は、ちょいとした皮肉もこめて、わざと同じ大きさのモーニングカップに金文字のイニシアルを入れて贈ることにしている。朝のひとときは、夫婦にとっていちばん大事な時間である。その日の用事、その日の仕事、その日の楽しみと、その日一日のプランを夫婦ふたりっきりで決めるには、この朝の時間しかない。ベッドから離れたら最後、夫も妻も、好むと好まざるとにかかわらず、せかせかと一日を過ごさなければならないのである。せめて、たっぷりと大きいモーニングカップを朝のベッドの中へ持ち込んで、一杯のお茶をゆっくりと楽しみながら、その日一日のプランを話し合ってほしいのである。

モーニングカップ

コップ敷き

毎日の生活をくり返していると、時たま、一見不必要に見えても、なんとなく必要に思えて、半分はしかたなく、半分は一所懸命買う物がある。その一つがコップ敷きである。

ガラスのコップにいちばん似合うもの——。それは水と氷である。中身がコカコーラになっても麦茶でもアイスティーでも、どのみち道づれは氷に決まっていて、氷のないカットグラスなんて見るからになまぬるそうで食欲をそそらない。

冷たい水がコップに注がれると同時に、コップのまわりにはうっすらともやが張り、やがて美しい水滴が出現しはじめる。水滴たちは、まるでその日の温度のバロメーターのように、点々と現われては、あふれ出る涙のようにツウとすべって下へころがり落ちていく。それを受けとめてあげるのがコップ敷きの役目である。コップを持ち上げる、そのたびにコップ敷きがピチャン……と音たてて落ちる音というものはじつに味気なくいやなもので、意外と人間の神経を刺激する音である。つまらないといえばつまらないが、やはり、コップ敷き風情？　のささいなやからにも〝命〟といえるものはあるものだ、と思う。

わが家は夫婦ともに酒飲みで、したがって集まる友人知人もお酒をたしなむ。冷蔵庫の氷は、作れども作れども間にあわない。コップもワゴンの上に出しっ放しである。私の持っているコップ敷きは全部で六組。自分で求めたもの、いただきものの両方である。フランス製のは裏がすべり止めになっていていいのだが、肝心の表はせっかくのビュッフェの絵の上につるつるのビニール加工がしてあって、コップがすべるうえにビチャン……の口である。両面コルクのも水を吸わずビチャン……両面ゴムのもいつも水滴がたまっていて気持ちが悪い。

コップおおいも数多く売られているが、ハワイで買ったラウハラの葉で作ったものは水気がしみてぐあいが悪いし、中国産の美しいのも網目の間に水がたまる。いっそのこと、便利重宝そのものズバリで役にたっているのは、なんとタオルの糸ラバー入りのコップおおい、これはコップの下半身？　を包む五色のタオルで、少しオシメのイメージがあるけれど持ちざわりも水きれも上々である。写真のコ

コップ敷き

玩具の陶器

シマキは、わが家のお手伝いさんが、チョコチョコッと毛糸で編んでくれた自家製だ。クリスタルのコップとタオルなんて、不似合いもはなはだしく、これが忙しく、無味乾燥な現代での、〝この便利なる最高のもの〟と思い込むのは、私としてはなんとなくすっきりしない気分である。そんなことにいちいちこだわるのも、へへ、大正生まれだからサ、と人は笑うだろうか。

玩具の陶器

小人の国で使いそうな小ちゃい小ちゃい水差しと小ちゃいお皿である。フランスはリモージュ焼きとちょっとゼイタク。子どもの玩具とはいえ、山椒は小粒でもなんとやらで、紫と金地にやんごとなき貫禄がある。

わが家では、はじめての来客に開口一番「お茶は何をさしあげましょう?」ときくことにしている。たいていのお客さまはとっさに返事が出ず、「えっ」とか「あの……」とか目を白黒される。そこをすかさず「当店にありますものは、日本茶にコーヒー、紅茶、キリンレモンに中国茶」と第二弾を放つと、これもたいていのお客さまは、「まるで喫茶店ですね」と笑い出す。なんでもない会話であり、なんということもない笑いである。しかし、この一見ばかばかしいような会話と笑いが、ふしぎと初対面のぎこちなさを吹っ飛ばし、そのあとの対話がごく自然のうちに運ぶことまちがいない。

私は、たったひとりの、それも女性のお客さまをもてなすつもりで、玩具の水差しとお皿を買った。水差しにはミルクを、お皿には角砂糖を盛って、コーヒー茶わんのお供にしようと思ったのである。はじめての訪問で、まだ居心地の定まらぬ女性のお客さまの前に、こんな愛らしい玩具が並べられたら、きっと気分がくつろぐのではないかと思う。

タイマー

食事のしたくというものは、なかなか忙しい。私は料理を作りながら、そこら

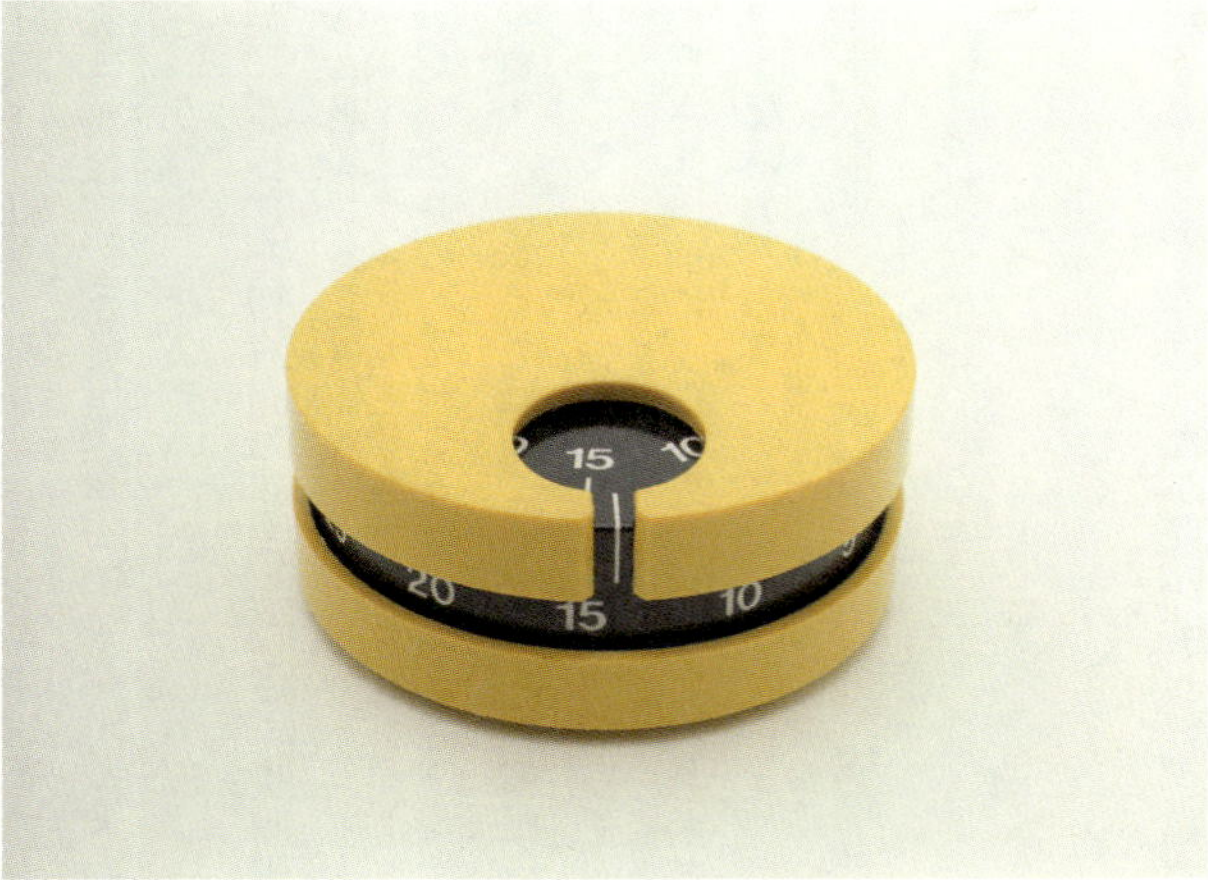

タイマー

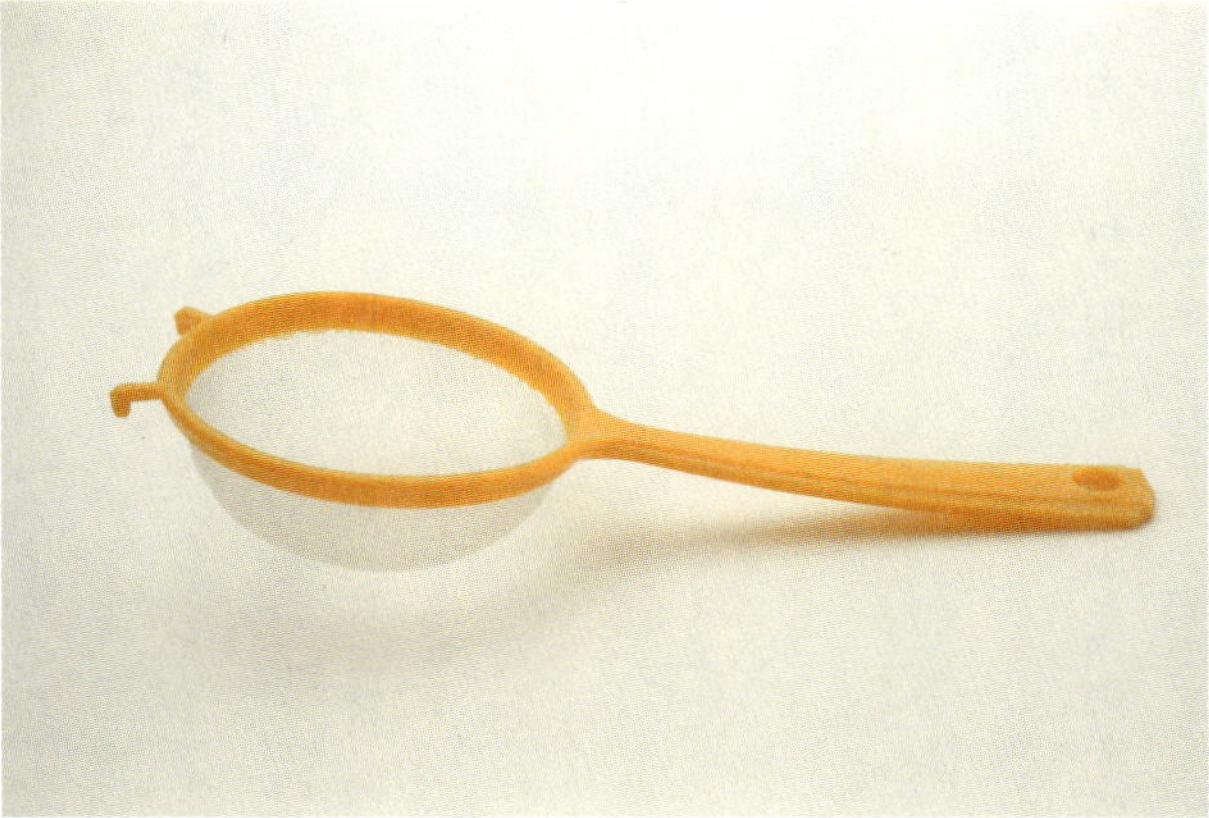

こし器

に散らかった台所用品を片っぱしからかたづけていくというやりかたをするので、なお忙しいのかもしれない。卵や野菜をゆでるにも鍋のそばにつきっきり、というわけにはいかないから、どうしても「タイマー」のお世話になる。

砂時計は様子も可愛く楽しいタイマーだけれど、チンともビーともいってくれないのでやはり不便。といって、いかにもタイマー然？　とした時計風なのも面白くない。デパートの輸入雑貨売場をウロついていたら、ヨーヨーという玩具のようにペタンコで可愛らしいタイマーがあったので、思わずとびついた。イタリア製で、値段がはるのはちょっと気になるけど、機械がしっかりしているし、ベルも長く鳴るからフンパツすることにした。

こし器

こし器といえば、日本国では金属製と相場が決まっているが、スーパーマーケットやデパートにドイツ生まれの、丈夫であつかいやすいこし器がお目見得して便利をしている。

金属製のこし器は、小さければ小さいほど洗いにくく、なんとなく金属特有の匂いがするようで不安だが、ドイツ製のそれは、目の粗いナイロン布地のようなもので、手ざわりがソフトで軽く、ペコンとひっくり返してタワシでごしごしと洗うことができるし、なによりうれしいのはアッという間に乾くことと、匂いがないことである。大きさも紅茶こしから大人の頭ほどまで五段階そろっているので、私はうどんをあげたり、野菜の水切り、粉ふるい、すべてこのこし器を利用して満足している。

色もオレンジ、黄、グリーン、赤とカラフルで、台所仕事をたのしくしてくれる。

ルック・クック

わが家のオットー・ドッコイ氏の朝食は、ベーコン・エッグとトースト、ミルク

ルック・クック

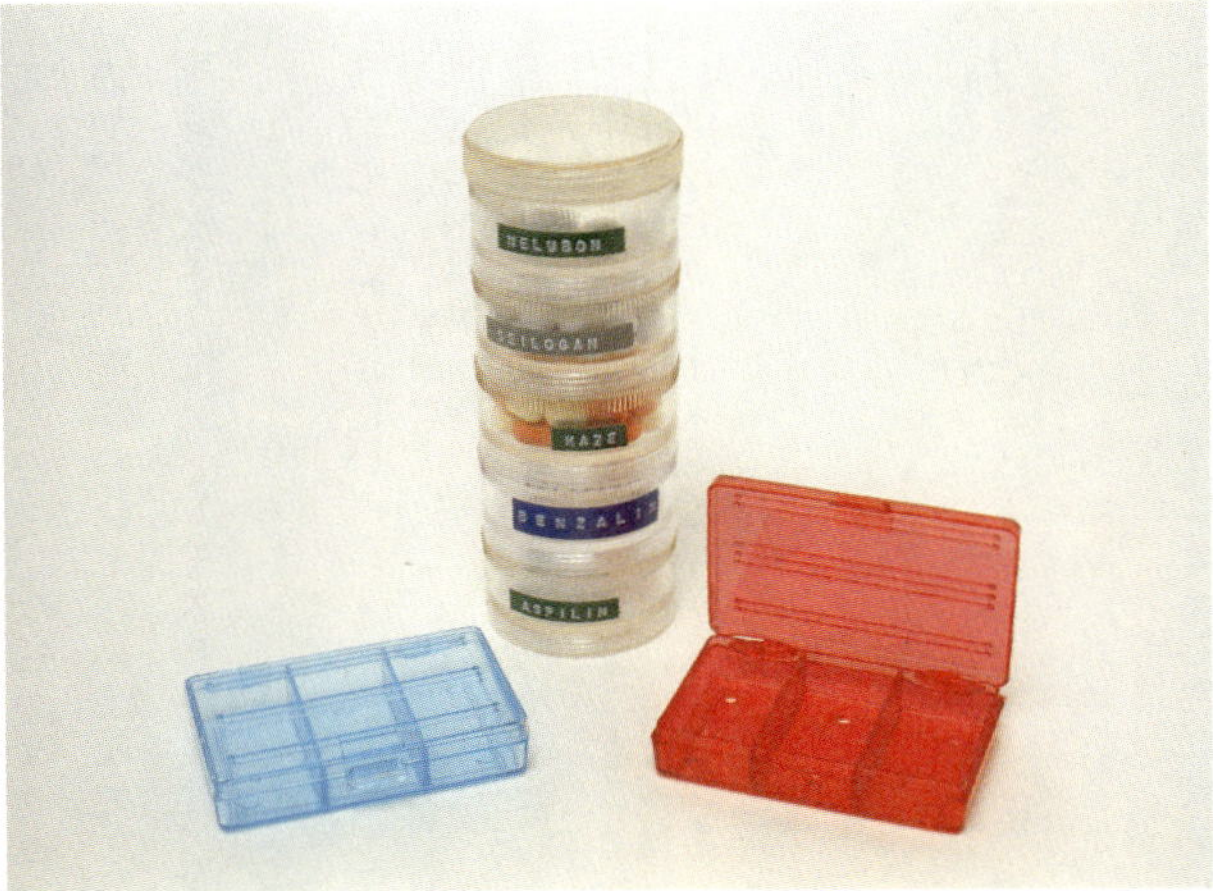

小物入れ

コーヒーである。朝食というものは、なぜかサッといっせいに食卓に並ばないとイセイが悪いので、朝食の支度のひとときはなかなか忙しい。ちょっとタイミングが狂うと、牛乳が吹きこぼれ、トーストが焦げ、卵は焼けすぎて、なにもかもメチャメチャになる。でも、このフタを手に入れてからは、フライドエッグスだけは、一度も失敗したことがない。

このフタは、真ン中が耐熱ガラスになっていて、つまりフタをしたままフライパンの中身が見えるという便利なフタである。まわりの色は、黄、赤、緑の三色で、サイズも大中小と揃っているが、直径二十二センチの「中」が一枚あればたいていの鍋には間に合う。出来もしっかりしているし、とにかく使ってみて便利この上なしなので、自信を持っておすすめする次第です。

小物入れ

忙しいのとお年のせいで、こまごまとした必要品がバラバラな場所に散っているとたいへん不自由である。したがって、お座所わきの小ダンスの中に入れる「区切りのついた小物入れ」なるものを、足を棒にして探しつづけて丸二年。もう半分あきらめていたころに、ふっとこの区切りつきのプラスチックの小箱を、あるところで見つけたときのうれしさは忘れられない。ついでに丸い筒型のプラスチックも購入して、これは旅行用の携帯薬入れに応用してみた。どちらも便利である。

え？　「あるところってどこ？」ですって？　そこは女房族にはあまり縁のないところなんです。え？　「じらさないで白状しろ」って？　じゃあ教えてあげましょう。そこは釣道具屋さんです。箱型は釣針入れで、筒型のはお魚を釣るためのエサを入れるものだそうです。

岡持ち

「岡持《おかも》ち」というと、寿司屋か蕎麦《そば》屋が下げてくる蓋つきの四角い箱がイメージに浮かぶ。人手不足のためか人件費の節約のためか知らないけれど、最近は店屋ものの出前をしない店が増えてきて、わが家の近くの蕎麦の有名店は、出前をするにはするけれど、空になった器を取りにくる手間をはぶくためか、およそ蕎麦とは不似合いのプラスチック製のザルに蕎麦が入ってくる上に、一人前なにがしかのザル代を請求するようになった。まあ、電話ひとつで「ヘイ、お待ちどオさん」と岡持ちが飛んで来る国など、日本以外にはないのだからブーブー文句も言えないのだが、なまじよき時代を知っている古人間の私からみると、世の中なんとなく味気なくなっちゃって薄ら寒いような心地がする。

わが家には小さな「岡持ち」がふたつある。ふたつとも二十年ほど前に京都の道具屋でみつけてきた、元、煙草盆である。ひとつは夫用で夫の書斎にあり、ひとつはわたし用で、この雑文を書いているコタツ板の上にある。煙草盆の住人だった火入れと灰吹きにはヒマを出して、その代わりに、ペーパーナイフ、はさみ、耳かき、体温計、鉛筆などの入った伊万里の筆筒と、ゼム、つま楊子、眼薬、常備薬の入った容器などが入っている。もと煙管《きせる》の入っていた場所にはメモ用紙と虫めがね、小引き出しにはナイフや栓ぬきが入っている。必要なときにはヒョイ

岡持ち

と手にぶら下げて持ち運びができるから実に便利重宝で、なくてはならぬ「室内岡持ち」である。工業デザイナーの秋岡芳夫先生によると、「関西でいまでも時折、不精箱を愛用している年寄りに出合うことがある。不精箱は中に老眼鏡・爪切り・孫の小使い・常備薬・耳かき・タバコ・マッチなど、一時も手放せないこまごましたものや、どこかに置き忘れる心配のあるものを入れて置いて、部屋から部屋へ持ち歩いて使っていた年寄り用の室内ハンドバッグ。……」（『暮しのためのデザイン』）とある。

不精箱は引き出しだくさんで、取っ手がついて、煙草盆よりずっと大ぶりの木箱だけれど、中に入れるものは、わが家とたいした変わりはない、いえ、それより私がガックリしたのは、年寄り、年寄りと二度もくりかえされた文章だった。

私は、私の岡持ちとつき合いはじめてから二十余年になる……ということは、つまり私は三十歳のころから「年寄り」だったということになるではないか。ま、そんなことはどうでもいいとして、この頃では文字通り、心身ともにガタの来た年寄りになり果てた私にひき較べて、岡持ちのほうはますます時代がついて貫禄を増すばかりである。養生をしながら大切に使えば、この岡持ちは主人の私がくたばった後にも、何十年、何百年と生き続けるだろう。しっかりしたいい道具というものは、決して高くはないと、つくづくおもう。

三分以内で作れるお酒の肴

ああ忙しい忙しい。朝から晩まで忙しい。一年中が忙しい。と叫んでみたところで、食べるものを食べなくては人間は干物になって「忙しい」おもいも出来なくなるだろう。

私は映画の撮影に入る前には、断固として自分の体重を確保する。百ポンド。十二貫、四十五キロが理想的である。

外国の女優サンは、映画出演の契約書に体重のリミットがあるそうで、撮影中に骨と皮になったりブクブク太ることとは許されない。ジュディー・ガーランドが太りすぎを悩んで自殺未遂をくりかえした話は有名だし、世界の美女といわれるエリザベス・テーラーも、ウエストのお肉を整理するために入院までして涙ぐましい努力をしている。そこへゆくと、日本の映画界は、まだまだ俳優に対して寛大、というか、甘い、とおもう。だって、演技を表現するのは肉体そのものだし、いくら腹芸とやらでふんばってみてもデブの肉体はヤセにはみえてくれない。第一、撮影中に気ままにノビたりチヂんだりされたら、映画がつながらなくなってしまうではないか。私の減量の方法は全く簡単で、つまり「食べない」だけである。といっても水と空気だけでは生きていられないから、明けても暮れてもウサギのように生野菜ばかり食べる。栄養失調の一歩前くらいのところで、映画はクランク・インをする。撮影中に野菜だけでは体力がもたないから、バカスカ、というほどではないけれど普通に食べなければならない。けれど都合のよいことには撮影前の減食がきいているから胃の腑もそれなりに縮んでいて、好きなものでも大量には受けつけなくなっていて、到底、太る、というところまでゆかない。クランク・アップをするころには、やっと普通と同じほどの食欲が出てきて、ハイ、一丁上がり、と私の減量作戦はおしまいになる。

こんな不自然な生活を何十年も続けているから、その反動で「食べもの」に対する執着と恨みは人並み以上にスゴイ。もともと食いたくて食いたくてムズムズしている女が、それを上まわる食いしんぼうの男と結婚したから、もう、とめどがなくなった。子供もなく、後顧の憂いもない食魔夫婦は、上海、洋澄湖のカニを求めて香港へ飛び、とれとれの鮭を追って北海道へ、新鮮生牡蠣《カキ》につられて志摩半島くんだりまで出かけてゆく。なんのことはなく、忙しい忙しいといっても、その三分の一ほどは「食べること」で忙しいんだよネ。その証拠には、ある仕事で急激に減量したとき、二十日ほど昼食を抜いたことがあって「食べる時間が要らない」ということは、こんなにもヒマになるものか、とビックリしたものだった。

わが家は、夫婦揃って自由業、それも揃って夜型人間である。夜の夜中にゴキブリの如く台所を這いまわって、買いおきのあり**モノ**でチャチャッと酒のサカナを作るのは、ここ二十五年来のわが家の習慣になっている。食べたいは食べたいし、眠いも眠いから、到底ややこしいものは作れない。今日は、三分以内で出来る、アホみたいに簡単なお酒のお供を三十品ばかり並べてみます。アッというような新機軸があったら、教えてください。

●磯卵

小さな土鍋か、耐熱ガラスの容器に一センチほど塩を敷きます。だし昆布をサッと水にくぐらせて容器なりに敷きます（このときスキ間がないようにすること）。だし昆布の上に卵を二個割り入れます。わが家では白身は一個分、卵黄は二個にしていますが、好みでどうでも結構だとおもいます。ふたをしてオーブンへ入れるかトロ火の直火にかけ、卵の黄身が半分ほど固まったら、スプーンをそえて食卓にのせます。卵に昆布の味がしみてステキな卵料理になります。

材料　卵
粗塩《あらじお》
だし昆布

●卵タラコ

塩の強すぎるタラコに困ったときの一品です。タラコ一腹の皮を除き、ボウルに入れます。卵黄約半分、鰹節をティースプーンに半分ほど、一味か七味をパラパラと入れて箸で練ります。卵が多すぎてダラーッとならないように注意しましょう。

材料　タラコ
卵
七味唐がらし
鰹節

●チーズ卵

卵二個をときほぐし、粉チーズをたっぷりと、パセリがあったらみじんに切って少々と、塩、こしょうを入れてよくかきまぜます。

フライパンにマッチ箱ほどのバターをとかし、卵をジャーッと入れて手早くかきまぜて、細めのノリ巻きくらいにクルクルと棒状にします。マナ板の上で一口ほどに切ってお皿に盛ります。粉チーズが入ると焦げやすいので手早く作りましょう。

材料　卵
　粉チーズ
　バター　塩　こしょう
　パセリ

●豆腐のバター焼き

一丁の豆腐を、たてに切り、横一センチくらいに切ってマナ板をななめにして、ちょっと水を切ります。フライパンにマッチ箱ほどのバターを熱し、豆腐を並べて焦げめがつくくらいに焼きます。塩、こしょうをしてもよく、味をつけずに皿に乗せてから醤油をチビリとかけてもおいしく、栄養満点です。

材料　豆腐
　　　バター
　　　塩
　　　こしょうか、醤油

●湯豆腐のたれ

オンザロック用のグラスか、円筒型の湯のみ茶碗に醬油を半分ほど、そのまた半分ほどの酒をいれます。鰹節をティースプーンに半分ほど、卵黄一個を入れて、よくかきまぜて湯豆腐鍋の真ン中に入れます。たれがトロリとなったら小鉢にとった豆腐の上にかけてもよし、豆腐をジャブンとたれにくぐらせてもよし。いずれにしてもさらし長ネギをパラッとかけることをお忘れなく。

材料　醬油、酒
　　　鰹節
　　　卵黄
　　　さらしネギ

●ねり梅干

梅干二個の種を除き、小さなすり鉢に入れます。鰹節をティースプーンに半杯ほど、七味唐がらしを少々、化学調味料を少々入れて擂《す》りまぜます。お酒の肴によし、お茶づけのお供によしで重宝します。

材料　梅干
　　　鰹節
　　　七味唐がらし
　　　化学調味料

●さらし玉ネギ

玉ネギ小一個を半分に切り、小口から向こうがすいて見えるほどに薄く薄く切ります。氷と水が同量ほど入ったボウルに玉ネギを入れて手早くかきまぜて、パリッとなったらふきんでサッと水気をとって器に盛ります。上から鰹節をパラッとかけ、酒半分、醤油半分を合わせたものをかけて食べます。

材料　玉ネギ
　　　鰹節
　　　酒
　　　醤油

●オクラ納豆

オクラを五、六本、塩を入れた熱湯で固めにゆでます。トントントンと薄切りにしてボウルに入れ、七味を多めに、鰹節を少々加えて納豆をかきまわす要領で手早くまぜます。ネットリとしたら出来上がり。醬油をそえます。

材料　オクラ
七味唐がらしか、一味唐がらし
鰹節
醬油

●たたき納豆

納豆を、包丁でかえしながらみじんに刻みます。ねっとりしてきたら器に盛り、ほぼ同量の大根おろしを、ちょっと水を切ってこんもりとかけ、さらしネギかアサツキのみじんをかけます。酒を少々たらした醬油をかけてＯＫです。

材料　納豆
　　　大根
　　　酒
　　　醬油
　　　アサツキか、さらしネギ

●からしあえ

白あえ、ゴマあえ、酢味噌あえ、などはしても、からしあえはあまりしたことのないお宅もあるでしょう。ピリッとして意外と酒のサカナにいいものです。

西洋からしをといて、酒少々と醬油でうすめ、ありあわせのものをあえます。ただ、それだけのこと。

かまぼこの千切り。熱湯をくぐらせたもやし、ゆでたインゲンやブロッコリー、オクラ、など。生のシャンピニオンの薄切りもパキパキしてイケます。

材料　西洋からし
　　　酒
　　　醬油

●しらたきのピリピリ

小鍋にサラダオイルを大さじ一杯ほど熱し、赤唐がらし一本を細く輪切りにしたものをいれて炒めます(種が入らぬよう注意すること)。

水を切り、ザクザクに切ったしらたきを入れて、水気がなくなるまで炒め、酒、醬油、少量のみりんを入れて煮上げます。しらたきだけで淋しければ、生しいたけの細切り、シシトウなどを一緒に入れてもオツです。

材料　しらたき
　　　赤唐がらし
　　　サラダオイル
　　　酒　醬油　みりん

●花ネギ

サックリと歯ぎれのよい長ネギの、白いところを五センチほどに切り、真ン中を残して両はしに細く細く包丁を入れます。氷をたっぷり放した水に入れて、二分もたつと両端がめくれて花のようになります。水を切って小皿にのせ、日本風なら焼き味噌をそえ、洋風なら味塩にたっぷりのこしょうをまぜてそえます。

材料　しっかりした長ネギ

焼き味噌か、塩　こしょう

●鮭のマヨネーズあえ

鮭缶半個をよくほぐしてボウルに入れ、マヨネーズを多めに、塩、こしょうを入れて、よくよく練ります。サラダ菜でも敷いた皿にこんもり盛り、パセリの青みを散らしてもよく、玉ネギの輪切りをのせてもよし。ちょっとした御飯のおかずにもなります。

材料　鮭の缶詰
　　　マヨネーズ
　　　塩
　　　こしょう
　　　パセリ、または玉ネギの輪切り

●鮭そぼろ

鮭缶半個をよくほぐし、小鍋にいれます。醤油、酒、みりん少量を入れて、箸でかきまわしながら煮上げます。かき卵をいれると味が丸くなり、御飯にかけると、そぼろ弁当になります。私が小学校のとき、母がよく作ってくれたものです。

材料　鮭缶
　　　醤油
　　　酒
　　　みりん

●ウインナのベーコン巻き

一口で食べられるカクテルウインナソーセージのおなかに包丁をいれて、練りがらしをはさみます。そのウインナを、薄切りのベーコンでクルリと巻いて楊子でとめ、フライパンに並べて焼きます。ベーコンの油が出るので油は入れません。楊子をとらずに食卓に出します。

材料　カクテルウインナソーセージ
　　　薄切りベーコン
　　　練りがらし

●レモン大根

太い大根を、薄く銀杏《いちょう》に切ります。ボウルに入れて少量の塩と、レモンの汁を加えてサッともみます。レモンの皮をみじんに切って散らすときれいですし、大根の葉があれば薄切りにして入れるともっときれいです。ギュッとしぼって小鉢に盛ります。

材料　大根
　　　レモン
　　　塩

●生しいたけのホイル焼き

生しいたけをサッと洗って石づきを取り、軽くふきます。便箋ほどの大きさのホイルに生しいたけを半分ほど重ねて並べ、少量の日本酒と塩をふり、キッチリと折ってオーブントースターで二分ほど焼きます。ホイルごと食卓へ出し、スダチかレモンをジュッとかけてアツアツを楽しみます。

材料　生しいたけ
　　　日本酒
　　　塩
　　　スダチか、レモン

●生しいたけのバター焼き

新鮮なしいたけ五、六個をサッと洗って水気をとり、石づきをもぎます。

フライパンに大さじ半杯ほどのサラダオイル、もう少し多いめのバターを熱し、ニンニク一片のみじん切りを炒めた上にしいたけを並べます。バターが焦げぬよう裏がえし、香ばしい匂いが出たらパセリのみじんをたっぷりかけ、塩、こしょうをして鍋をゆすって出来上がりです。

材料　生しいたけ
　　　パセリ
　　　ニンニク
　　　バター　サラダオイル

●キュウリとシソの葉

キュウリ一本を、ところどころ皮を残したまま塩でゴリゴリともみます。塩をサッと洗い流したら、ななめに四切れほどに切り、少量の塩とたっぷりのこしょうをふって、一片を、一枚そのままのシソの葉にクルクルッと巻いて、ガリガリとかぶりつきます。水気がついているくらいのほうが野趣があってよろしい。焼き味噌をそえるなら塩をひかえますが、わが家では味塩にたっぷりとこしょうをまぜたものをそえます。

材料　キュウリ
　　　シソの葉
　　　塩
　　　こしょう

●生マッシュルームのサラダ

生のマッシュルームの石づきを残して薄切りにする。パセリはみじん切り。マッシュルームをフレンチドレッシングでよくあえて、パセリを散らす。

材料　生マッシュルーム
パセリ
フレンチドレッシング（酢の代わりにレモンを少々入れること）

●ハムとキュウリの中国風

ハムとキュウリを細く切り、ゴマ油をひとたらし、酢をひとたらし、からしは多めに入れた醬油で味つけをし、白ゴマを散らす。

材料　ハム
キュウリ
ゴマ油
酢
ときがらし
醬油
白ゴマ

●あつあつイワシ

イワシの缶詰の上ぶたを切りとり、缶ごと火にかける。酒少々と醬油で味つけをし、器に取ってから玉ネギとパセリのみじん切りをイワシが見えないほど盛る。

材料　イワシの缶詰
　　　玉ネギ
　　　パセリ
　　　酒
　　　醬油

●中国風豆腐

豆腐を一個のまま深皿に入れ、長ネギのみじん切りをたっぷりと盛り、ラー油、ゴマ油少々、酒少々、醬油で作ったたれをかける（ザーサイがあれば細切りを、干しエビがあれば入れるとなおおいしい、お好きな方はニンニクのみじん切りを加えるといっそうおいしい）。

材料　豆腐
　　　長ネギ
　　　ラー油
　　　ゴマ油
　　　酒
　　　醬油

●春雨中国風

熱湯でもどした春雨を水に入れて冷やし、深皿に入れて、細切りのキュウリを盛り上げ、酒、酢、ときがらし、醤油を入れてあえる。

材料　春雨
　　　キュウリ
　　　酒
　　　酢
　　　ときがらし
　　　醤油

●キャベツの甘酢あえ

ザク切りにしたキャベツと赤唐がらしの細切りをボウルに入れ、少量の塩を加えてもみ、キュッとしぼって水気を切る。

酒、砂糖少々、塩、ゴマ油をひとたらしした甘酢を作ってあえる。

材料　キャベツ
　　　赤唐がらし
　　　塩
　　　酒
　　　砂糖
　　　ゴマ油

あとがきに代えて

――亡き母・高峰秀子に捧ぐ

斎藤明美

高峰秀子はセンスがいい。

多くの人が言う。

そして実際、その通りだった。

だから私も、ある時、何の話をしていた時か忘れてしまったが、自然に口をついたことがある。

「かあちゃんは趣味がいいね」

高峰は応えた、

「いいかどうかわからないけど。趣味は〝ある〟ね」

趣味がある――。

高峰は、自分のことをセンスがいいなどとはまるで思っていなかった。だが、自身がまえがきに書いたように、「好き嫌いがはげしい」ことは認めている。好き嫌いの激しさは、時に嫌いなものを排除し、嫌いな人間を傷つけることがある。しかし高峰は、排除はしたが、傷つけはしなかった。

第一章「櫛」。

いきなり初っ端に、高峰の「好き嫌い」とは何かを示したエッセイが登場している。田中絹代が晩年に出演した映画「サンダカン八番娼館　望郷」のラストシーンで、かつてからゆきさんだった老女（田中）が、彼女を取材するために通いつめた若い女性ジャーナリスト（栗原小巻）に、今日でお別れという日、礼金を差し出されて、

「お前から銭でのうて、もらいたかもんがあるとじゃ」と答える。女性ジャーナリストが一体何が欲しいのだろうと訝っていると、老女はポツリと言うのだ、

「今お前が使うとる手ぬぐいば、わしにくれんか」

そして、「この手ぬぐいば使うたんびに、お前んことば思い出せるけんな」と言って泣く。

そのシーンについて高峰は言った、

「私にはその気持ちがよくわかる。どんな高価な物を貰うより、その人が使っていたもの、身に着けていたものが一番嬉しい」

高峰は女優を引退したあと、豪邸をぶち壊して小さな家を新築、家財を十分の一以下に減らした。殆どの所有物を処分したり、知人に譲ったのだ。

その中で、最後まで手元に置き、現在でも松山家に残されている櫛。

「田中さんほど私を可愛がってくれた人はいない」

その田中絹代が、まだ少女だった高峰にくれた櫛である。

先輩の大女優がその髪を飾り、その体温と匂いがしみついた櫛を、高峰は何より慈しんだのだ。

それは田中絹代という人間への慈しみだった。

高峰が本当に「いいもの」と思うのは、人間だったのではないか。

誰よりも人間に苦しめられた半生を送りながら、それでも高峰は黙って人を愛し続けた。

「私は人間嫌い」と言いながら、本当に高峰が愛した〝もの〟は、人間だったのではないか。

高峰がくれたブラウス、セーター、指輪……。

全て高峰が長年身に着けていたものだ。

それらのものを今、私はただ呆然として見つめている。

（高峰秀子・松山善三養女／文筆家）

平成二十七年九月　ハワイにて

写真　大澤秀行

『いいもの見つけた』　一九七九年十一月　潮出版社刊
（「こし器」「ルック・クック」は、商品科学研究所『ＴｗｏＷａｙ』連載より追加収録）

中公文庫

いいもの見《み》つけた

2015年10月25日　初版発行

著　者　高《たか》峰《みね》秀《ひで》子《こ》

発行者　大橋　善光

発行所　中央公論新社
〒100-8152　東京都千代田区大手町1-7-1
電話　販売 03-5299-1730　編集 03-5299-1890
URL http://www.chuko.co.jp/

ＤＴＰ　柳田麻里
印　刷　三晃印刷
製　本　小泉製本

Published by CHUOKORON-SHINSHA, INC.
Printed in Japan　ISBN978-4-12-206181-1 C1195

あ-60-2
空耳アワワ
阿川佐和子
喜喜怒楽楽、ときどき哀。オンナの現実胸に秘め、懲りないアガワが今日も行く！ 読めば吹き出す痛快無比の「ごめんあそばせ」エッセイ。
205003-7

あ-70-1
若き芸術家たちへ ねがいは「普通」
佐藤忠良 安野光雅
世界的な彫刻家と画家による、気の置けない、しかし確かなものに裏付けられた対談。自然をしっかりと、自分の目で見るとはどういうことなのだろうか。
205440-0

あ-66-1
舌 天皇の料理番が語る奇食珍味
秋山徳蔵
半世紀以上を天皇の料理番として活躍した著者が「舌は味覚の器であり愛情の触覚」と悟った極意をもって秘食強精からイカモノ談義までを大いに語る。
205101-0

あ-66-2
味 天皇の料理番が語る昭和
秋山徳蔵
半世紀にわたって昭和天皇の台所を預かり、日常の食事と無数の宮中饗宴の料理を司った「天皇の料理番」が自ら綴った一代記。〈解説〉小泉武夫
206066-1

あ-66-3
味の散歩
秋山徳蔵
昭和天皇の料理番を務めた秋山徳蔵が〝食〟にまつわるあれこれを自ら綴る随筆集。「あまから抄」「宮中の正月料理」他を収録。〈解説〉森枝卓士
206142-2

あ-66-4
料理のコツ
秋山徳蔵
天皇の料理番が家庭の料理人に向けて、材料の選び方や工夫などを解りやすく指南する。ちょっとした薀蓄で、知識が広がる読むだけで楽しい一冊。〈解説〉福田 浩
206171-2

あ-67-1
おばあちゃんの台所修業
阿部なを
自然の恵みの中で生きることを大切に――。料理の基本から、おかみとしての人生まで。明治生まれの料理家が語る、素朴に食べること、生きること。〈解説〉岸 朝子
205321-2

い-116-1
食べごしらえ おままごと
石牟礼道子
父がつくったぶえんずし、獅子舞にさしだした鯛の身。土地に根ざした食と四季について、記憶を自在に行き来しながら多彩なことばでつづる。〈解説〉池澤夏樹
205699-2

各書目の下段の数字はISBNコードです。978－4－12が省略してあります。

お-63-1
同じ年に生まれて 音楽、文学が僕らをつくった
小澤征爾
大江健三郎
一九三五年に生まれた世界的指揮者とノーベル賞作家。「今のうちにもっと語りあっておきたい――。」この思いが実現し、二〇〇〇年に対談はおこなわれた。
204317-6

か-2-3
ピカソはほんまに天才か 文学・映画・絵画…
開高健
ポスター、映画、コマーシャル・フィルム、そして絵画。開高健が一つの時代の類いまれな眼であったことを痛感させるエッセイ42篇。〈解説〉谷沢永一
201813-6

か-56-12
昭和怪優伝 帰ってきた昭和脇役名画館
鹿島茂
荒木一郎、岸田森、川地民夫、成田三樹夫……。今なお眼に焼き付いて離れない昭和の怪優十二人を、映画狂・鹿島茂が語り尽くす！ 全邦画ファン、刮目せよ！
205850-7

か-82-1
現代うた景色 河野裕子の短歌案内
河野裕子
失恋、家族、老いなどをテーマとした、意中の一八六首。添えられた言葉とともに、忘れていた愛をもう一度浮かび上がらせてくれる。〈解説〉長谷川櫂
205981-8

さ-61-1
わたしの献立日記
沢村貞子
女優業がどんなに忙しいときも台所に立ちつづけた著者が、日々の食卓の参考にとつけはじめた献立日記。工夫と知恵、こだわりにあふれた料理用虎の巻。〈解説〉平松洋子
205690-9

た-15-4
犬が星見た ロシア旅行
武田百合子
生涯最後の旅を予感した夫武田泰淳とその友竹内好に同行し、旅中の出来事や風物を生き生きと捉え克明に描く。読売文学賞受賞作。〈解説〉色川武大
200894-6

た-15-5
日日雑記
武田百合子
天性の無垢な芸術者が、身辺の出来事や日日の想いを、時には繊細な感性で、時には大胆な発想で、心の赴くままに綴ったエッセイ集。〈解説〉巖谷國士
202796-1

た-15-6
富士日記（上）
武田百合子
夫泰淳と過ごした富士山麓での十三年間の日々を、澄明な目と天性の無垢な心で克明にとらえ天衣無縫な文体でうつし出した日記文学の傑作。田村俊子賞受賞作。
202841-8

た-15-7
富士日記（中）
武田百合子
天性の芸術者である著者が、一瞬一瞬の生を特異な感性でとらえ、また昭和期を代表する質実な生活をあますところなく克明に記録した日記文学の傑作。
202854-8

た-15-8
富士日記（下）
武田百合子
夫武田泰淳の取材旅行に同行したり口述筆記をする傍ら、特異の発想と表現の絶妙なハーモニーで暮らしの中の生を鮮明に浮き彫りにする。〈解説〉水上　勉
202873-9

た-31-1
倚松庵《いしょうあん》の夢
谷崎松子
おくつきにともに眠らん日をたのみこのひととせは在り経しものを——谷崎潤一郎への至純の愛と献身に生きた夫人が、深い思いをこめて綴る追慕の記。
200692-8

つ-27-1
「たえず書く人」辻邦生と暮らして
辻　佐保子
些細な出来事や着想から大きな一つの作品世界を構築していく作家・辻邦生の仕事ぶりを、半生記を共にした夫人が綴る作品論的エッセイ。
205479-0

と-28-1
夢声戦争日記 抄 敗戦の記
徳川夢声
活動写真弁士を皮切りに漫談家、俳優としてテレビ・ラジオで活躍したマルチ人間、徳川夢声が太平洋戦争中に綴った貴重な日録。〈解説〉水木しげる
203921-6

と-28-2
夢声戦中日記
徳川夢声
花形弁士から映画俳優に転じ、子役時代の高峰秀子らと共演した名優が、真珠湾攻撃から東京大空襲に到る三年半の日々を克明に綴った記録。〈解説〉濵田研吾
206154-5

な-59-1
遺し書き 仲代達矢自伝
仲代達矢
「陰気は私のコンプレックスだった」。貧しさと飢えの中で育ち、敗戦で人間不信に陥った少年は、ある女性と出会い名優への道を歩み出す。渾身の自伝。
205344-1

は-45-1
白蓮れんれん
林　真理子
天皇の従妹にして炭鉱王に再嫁した歌人柳原白蓮。彼女の運命を変えた帝大生宮崎龍介との往復書簡七百余通から甦る、大正の恋物語。〈解説〉瀬戸内寂聴
203255-2

各書目の下段の数字はISBNコードです。978－4－12が省略してあります。

は-45-2
強運な女になる
林　真理子
大人になってモテる強い女になる。そんな人生ってカッコいいではないか。強くなることの犠牲を払ってきた女だけがオーラを持てる。応援エッセイ。
203609-3

は-45-3
花
林　真理子
芸者だった祖母と母、二人に心を閉ざしキャリアウーマンとして多忙な日々を送る知華子。大正から現代へ、哀しい運命を背負った美貌の女三代の血脈の物語。
204530-9

は-45-4
ファニーフェイスの死
林　真理子
ファッションという虚飾の世界で短い青春を燃やし尽くすように生きた女たち――去りゆく六〇年代の神話的熱狂とその果ての悲劇を鮮烈に描く傑作長篇。
204610-8

は-45-5
もっと塩味を！
林　真理子
美佐子は裕福だが平凡な主婦の座を捨てて、天性の味覚だけを頼りにめくるめくフランス料理の世界に身を投じるが……。ミシュランに賭けた女の人生を描く。
205530-8

は-54-3
戦　線
林　芙美子
内閣情報部ペン部隊の記者として従軍した林が最前線の日々を書き記す、『北岸部隊』に先駆けて発表されたルポ。「凍える大地」を併録。〈解説〉佐藤卓己
206001-2

ひ-26-1
買物71番勝負
平松　洋子
この買物、はたしてアタリかハズレか。一つ一つの買物は一期一会の真剣勝負だ。キャミソールから浄水ポットまで、買物名人のバッグの中身は？〈解説〉有吉玉青
204839-3

も-10-6
あの日あの夜　森繁交友録
森繁　久彌
名優森繁久彌がかつて同じ舞台で切磋琢磨し、スクリーンをともにした原節子、伴淳三郎、三木のり平、山茶花究らとの交友を語る珠玉のエッセイ集。〈解説〉松本幸四郎
204519-4

よ-44-1
二人で紡いだ物語
米沢　富美子
「結婚も物理の研究も両方とればいい」。夫の言葉に励まされた35年の結婚生活。育児と研究の両立、大病、そして夫の死。日本を代表する女性物理学者が綴る半生記。
205460-8